FÉLIX LIOUVILLE

ANCIEN BATONNIER DE L'ORDRE DES AVOCATS

DU BARREAU DE PARIS.

1860.

A LA MÉMOIRE VÉNÉRÉE

DE

NOTRE PÈRE

A NOS AMIS

Nous devions à la mémoire de notre bien-aimé père, et c'est un adoucissement à notre douleur, de réunir les articles épars qui ont retracé sa vie si belle, si pure et si bien remplie, cette vie qui semblait nous promettre encore pour l'avenir tant de bonheur et tant de joies !

Notre père a laissé de si doux souvenirs aux cœurs de ceux qui l'ont connu, que ces pages, émanant d'esprits bien différents, sont comme un écho du même sentiment : témoignage unanime rendu à l'homme de bien et de travail, à l'homme de cœur et de conviction. C'est qu'en effet ces diverses manifestations de l'homme, et les plus élevées, se trouvaient réunies dans sa belle et puissante nature.

Nous avons conservé, sans en rien retrancher, tout ce qui a été écrit sur notre père. Si certaines appréciations de détail sont désapprouvées par ses amis, le sentiment, qui nous a portés à tout reproduire, sera certainement compris et le respect dû à cette mémoire si chère n'en souffrira aucune atteinte.

Vous qui lirez ces feuilles, vous y retrouverez les phases diverses de sa vie, mais aucune ne pourra vous montrer assez ce que son cœur contenait de tendresse et d'affection. Nous seuls le dirions, qui n'avons cessé d'être entourés de ses soins infinis, si nos paroles pouvaient en être un témoignage plus sensible que le profond et respectueux amour que nous avions voué à notre père, que le culte et la vénération dont nous entourons sa mémoire !

EXTRAIT DU JOURNAL LE SIÈCLE

du Mercredi 11 Avril 1860.

NÉCROLOGIE

OBSÈQUES DE M. FÉLIX LIOUVILLE

Aujourd'hui, au milieu d'un concours immense, ont eu lieu les obsèques de M. Félix Liouville. Dès dix heures, la maison mortuaire de la rue des Moulins était remplie par les amis comme par les clients sans nombre du défunt. Au bout de peu d'instants, tous les salons, l'escalier, le portail, étaient littéralement encombrés. Il était impossible de pénétrer dans la demeure.

A onze heures précises, le Barreau en robe, ayant à sa tête son bâtonnier, M. Plocque, et le Conseil de l'Ordre, descendait des voitures qui l'avaient amené. Un quart d'heure après le cortége se mettait en marche pour se rendre à l'église Saint-Roch où devait s'accomplir la cérémonie religieuse.

Les deux fils et le frère du défunt conduisaient le deuil. Les coins du poêle étaient tenus par M. Plocque, bâtonnier ; M. Vavin, ancien liquidateur de la liste civile, parent du défunt ; M. Desmarest, membre du conseil de l'Ordre, l'un des plus anciens secrétaires de M. Liouville, et M. Ernest Picard, membre du barreau et député de Paris, aussi ancien secrétaire de M. Liouville. Tous les avocats, en robe, suivaient, après la famille, le char funèbre. Une foule innombrable marchait après eux. La tête du cortége avait atteint l'église lorsque les dernières personnes qui le composaient quittaient à peine la demeure mortuaire.

Nous citons entre mille les noms marquants qui nous reviennent à la mémoire parmi les assistants, à part l'Ordre entier des avocats et les Compagnies des avoués de première instance et d'appel, dont tous les membres avaient tenu à honneur de rendre au défunt le dernier hommage. Dans la Magistrature, le Barreau, les Avoués, la Faculté de droit, le Conseil d'Etat, la politique, la presse, la littérature, les arts : M. Chaix-d Est-Ange, procureur général, ancien bâtonnier ; M. Casenave, président de chambre à la Cour ; M. Benoît Champy, président du tribunal de la Seine ; MM. Anspack, Pont, Tardif, conseillers à la Cour ; M. Dequevauvilliers, conseiller honoraire ; M Pinondel, président honoraire ; MM. Coppeaux, Marjolin, juges ; MM. les professeurs Valette, Colmet-d'Aâge, Vuatrin, Ferry ; MM. Flandin, Langlais, conseillers d'Etat ; MM. E. Moreau, Guidou, Lavaux, Gheerbrant, présidents de la chambre des avoués ; Dromery Ramond . de la Croisétte, de Bénazé, Lesage, Saint-Amand, etc., avoués près le tribunal ; MM. Marie, Jules Favre, Leblond, Senard, de Sèze, Allou, Lachaud, Baze, Hébert, Grévy, Paul Fabre, etc. ; Cousin, Goudchaux, Buffet, Emmanuel Arago, E. Ollivier, Darimon, Havin, Léon Plée, Louis Jourdan, E. Texier, E. de La Bédollière, Cuzon, V. Borie, F. Thomas, Jules Janin, A. Guéroult, Trélat, Labélonye, Regnault (de Sceaux), B. Maurice, Adam, A. Pasquier, Walferdin, Cruveilhier, Etex, Jeanron, Gustave Doré et Feyen Perrin ; les docteurs Bouchardat, Archambault, Dolbeau et Léon Lefort: parmi les membres de l'Académie des sciences, MM. Chasles, Elie de Beaumont, Pelouze, Duperré, Mathieu, Laugier, etc., etc.

Après la cérémonie religieuse, le cortége s'est dirigé vers le cimetière du Père-Lachaise, où se trouve le caveau de la famille. C'est là, au milieu des pleurs de tous, que les adieux ont été dits sur la tombe du défunt par MM. Plocque et Desmarest. Tous deux, dans des discours pleins d'élévation et de cœur, ont rappelé la vie de l'avocat éminent, de l'homme privé et du grand citoyen que Paris vient de perdre. Nous reproduirons ces pages éloquentes.

A deux heures et demie, l'assistance quittait le cimetière. La grêle qui l'avait assaillie au bord de la tombe cessait alors de tomber, et le jour devenait moins funèbre. — Ch. BALLOT.

EXTRAIT DU JOURNAL LE DROIT

du 11 Avril 1860.

OBSÈQUES DE M. FÉLIX LIOUVILLE

Il y a huit jours, un cercueil quittait la maison mortuaire et était conduit à l'église, puis au cimetière du Père-Lachaise. Ce cercueil contenait les restes mortels de M. Bethmont, ancien bâtonnier, mort dans sa cinquante-septième année.

Derrière le char funèbre, on voyait deux jeunes hommes, les deux fils de M. Bethmont, les yeux rouges de larmes, courbés par la plus affreuse des douleurs qu'il soit donné à l'homme de supporter.

Puis venaient le Conseil entier de l'Ordre des avocats, une quantité considérable d'avocats en robe, une foule immense accourue pour rendre les derniers devoirs à l'orateur et au citoyen.

Aujourd'hui, à la même heure, un autre cercueil était conduit à l'église et au cimetière du Père-Lachaise. Là reposait le corps d'un autre bâtonnier, de M. Félix Liouville, mort, lui aussi, dans sa cinquante-septième année

Deux fils, aimant, vénérant, adorant leur père, subissaient eux aussi l'épouvantable supplice que la piété filiale impose dans de telles circonstances aux enfants. L'aîné avait encore la force de soutenir son plus jeune frère, qui fléchissait sous le poids de de la douleur.

A la suite de ces deux pauvres enfants venaient le Conseil de l'Ordre, une quantité considérable d'avocats en robe, et la longue file de ceux qui ont accompagné jusqu'à sa dernière demeure celui qui, par son affabilité, par de nombreux services rendus, par son dévouement sans borne à sa profession, par sa valeur personnelle, avait su conquérir et mériter l'estime et la considération de tous.

Ainsi en huit jours l'Ordre des avocats a perdu deux de ses anciens bâtonniers morts tous les deux à cinquante-sept ans, tous les deux s'étant rendus dignes, par la pureté de leur cœur, par la noblesse de leur caractère, par l'éminence de leurs talents divers, des honneurs exceptionnels qui ont accompagné leurs funérailles.

A onze heures un quart, le char funèbre a quitté la rue des Moulins et s'est dirigé vers l'église Saint-Roch.

Les coins du drap mortuaire étaient tenus par M. Plocque, bâtonnier de l'Ordre; par M. Desmarest, membre du Conseil de l'Ordre; par M. Picard, avocat et représentant, et par M. Vavin, ancien député.

Venaient ensuite les deux fils de M. Liouville; M. Joseph Liouville, frère du défunt et membre de l'Académie des Sciences, et le vénérable M. Deschamps, ancien avoué, beau-père de M. Liouville, auquel la Providence a imposé le pénible devoir d'assister aux funérailles de son gendre, après avoir accompli le même devoir pour sa fille.

Le Conseil entier de l'Ordre et un nombre considérable d'avocats en robe ont suivi à pied le corps jusqu'à l'église. Des avocats en habits de ville, des magistrats, des artistes, des écrivains, des savants étaient venus en si grand nombre, que la vaste nef de Saint-Roch, toute tendue de draperies noires, n'a pu contenir la foule des assistants qui a reflué dans les bas-côtés de l'église.

On remarquait dans cette foule M. Chaix-d'Est-Ange, procureur général à la Cour impériale de Paris, et M. Benoît-Champy, président du tribunal de la Seine.

DISCOURS DE Mᵉ PLOCQUE

Bâtonnier de l'Ordre des Avocats de Paris

M. Plocque a, d'une voix vivement émue et souvent altérée
par des sanglots, prononcé le discours suivant sur la tombe de
son ami :

« Messieurs,

« Il y a huit jours, à pareil jour et à pareille heure, dans ce
même lieu, nous étions réunis, le cœur brisé, pour rendre les
derniers honneurs à notre cher et regretté Bethmont, et voilà
qu'aujourd'hui une perte non moins douloureuse nous rappelle
tous à ce funèbre rendez-vous. et il me faut, au nom de notre
Ordre décimé sans relâche et sans pitié, il me faut une fois encore
adresser les suprêmes adieux à l'un de nos chefs les plus éminents et les plus aimés, à celui qui, pendant vingt-cinq ans, a
été pour moi l'ami le plus constant, le plus sincère et le plus
dévoué.

« Il y a huit jours, quand nous pleurions ici, tout entiers au
deuil présent, nous nous sentions agités de pressentiments si-
nistres : nos cœurs, malgré nous, se reportaient, du confrère
qui nous était si soudainement enlevé, vers celui que, depuis
plus d'une année, la maladie avait arraché à ses travaux et à
notre affection. Nous savions combien le danger était redoutable, mais nous espérions encore, nous aimions à croire que la

Providence ne serait pas assez cruelle pour nous frapper à la fois, et presque du même coup, d'un double et irréparable malheur ; il nous semblait que nous venions de payer à la mort une assez précieuse rançon pour que cette nouvelle et poignante douleur nous fût épargnée, et qu'un soulagement au moins fût laissé à nos chagrins et à nos regrets.

« Hélas ! cette triste consolation ne devait pas nous être donnée. Nous étions condamnés à subir l'épreuve et le sacrifice dans toute leur amertume. Liouville, qui avait reçu de la main de Bethmont les honneurs du bâtonnat, devait, à quelques jours d'intervalle, suivre Bethmont dans la tombe.

« En quelques jours à peine, deux bâtonniers jeunes encore, tous deux dans la maturité de l'expérience et du talent, allaient disparaître de nos rangs désolés !

« Liouville a été l'honneur de notre profession. Né sur cette terre de Lorraine, la patrie par excellence des natures énergiques et dures au travail, de bonne heure il se sentit entraîné par une véritable passion vers la carrière du droit et des affaires. Après de sérieuses études, qui lui valurent le grade de docteur dont il était toujours fier, il comprit que la pratique seule pouvait vivifier la doctrine, et, quoique déjà mûr pour le barreau, il se condamna pendant de longues années aux pénibles, mais indispensables épreuves de la cléricature.

« Ce fut au milieu de ce noviciat qu'une circonstance tout imprévue vint révéler et décider sa véritable vocation.

« Dans l'étude de l'excellent et honorable M. Oger, dont il était le principal clerc, une affaire des plus difficiles et dans laquelle s'agitaient de graves intérêts, se trouva à l'improviste délaissée par l'avocat chargé.

« L'audience était indiquée ; il y avait urgence ; Liouville, qui avait instruit l'affaire, n'hésita pas ; il vint la plaider et la gagna, aux applaudissements des anciens qui avaient assisté à ce début improvisé. Son succès lui coûta cher ; l'attention s'était portée sur lui. Avocat stagiaire, il était en même temps clerc dans une étude ; le Conseil de l'Ordre, fidèle à la règle, dut annuler son stage ; mais en quittant ses juges, dont il n'avait pu désarmer la sévérité, il emporta leur estime et leur affection à tous, et le Conseil, comme le barreau tout entier, comprirent que, dans le jeune stagiaire, surpris en contravention, le Palais venait de conquérir un maître consommé dans l'art de la parole et dans la science des affaires.

« Depuis ce jour a commencé pour notre confrère cette vie de rudes et inconcevables labeurs, qui s'est prolongée sans relâche et sans repos pendant trente années ; pendant trente années, ses jours et ses nuits se sont consumés dans d'opiniâtres et persévérantes études, que la mort seule a pu interrompre. Aucun avocat plus que lui n'a honoré notre profession par le travail, et je puis dire véritablement qu'il est mort martyr du travail. Toujours assidu, toujours prêt, qui pourrait dire les innombrables services qu'il a rendus par le conseil ou par la parole ? Il a été l'athlète le plus intrépide et le plus infatigable de la plaidoirie. L'audience était devenue sa patrie de prédilection ; son bonheur, il l'a écrit lui-même, son unique bonheur, c'était la joie de l'audience, quand sa parole animée et chaleureuse, sa verve entraînante, sa science si ferme des principes, sa puissante et irrésistible dialectique avaient entraîné la conviction du juge, et souvent assuré le gain d'un procès.

« Tout entier au travail, le monde, ses attraits, ses jouissances, ses plaisirs même les plus honnêtes n'existaient pas pour lui ; et si tu n'avais eu à te réjouir des succès d'un frère bien-aimé, qui illustrait dans les sciences les plus élevées le nom de Liouville, comme toi-même t'illustrais au barreau ; si tu n'avais trouvé dans tes chers enfants ces joies précieuses de la famille, qui après tout peuvent tenir lieu de toutes les autres, je dirais, Liouville, que tu es mort sans avoir connu la vie, ou du moins que tu ne l'as connue que dans ce qu'elle a de laborieux, de pénible et d'austère !

« Ai je besoin de vous rappeler toutes les qualités de son cœur éminemment droit et loyal ? Ah ! vous le connaissiez bien ce cœur si dévoué, si ouvert à tous, vous qu'il avait admis dans

l'intimité de son cabinet, vous, ses collaborateurs, ses élèves,
ses enfants d'adoption! Comme il vous aimait! comme il était
attentif à vos travaux! comme il savait préparer vos succès!
comme il en était fier, et comme il se plaisait à les rappeler!

« Il a été vraiment avocat, avocat du fond de l'âme Les fa-
veurs, les dignités, la gloire même, conquise dans une autre
carrière, n'étaient rien à ses yeux en comparaison de la noble
et heureuse indépendance de notre profession. Aussi l'honneur
de cette profession, le maintien de ses règles, la défense de ses
droits, et en même temps les travaux, les épreuves de notre jeunesse stagiaire, le progrès des études professionnelles, c'était
là sa plus constante et sa plus chère préoccupation! Il l'a bien
laissé voir; quand les premières atteintes de la maladie ont
commencé à l'éloigner de la vie active du Palais; quand il s'est
senti contraint à chercher un autre objet à ses travaux inces-
sants, il n'en a pas voulu d'autre que notre profession elle-
même. Et alors, d'une main affaiblie par le mal, mais qui n'a-
vait rien perdu de sa sûreté, il a tracé, pour notre instruction
à tous, ces discours, où, sous une forme substantielle et solide,
il a réuni tous les préceptes de l'art de la parole, toutes les règles,
toutes les traditions qui nous régissent et nous protégent ; ces
discours, qui resteront comme un monument et seront, pour
nos successeurs, comme pour nous, le véritable manuel, le
code infaillible de l'avocat. Il a pensé à vous à ses derniers
instants, jeunes gens qui étiez sa prédilection comme vous êtes
notre espérance. Comme l'avait fait Paillet, comme l'a fait à
son tour Bethmont, il a voulu vous laisser un gage de sa vive
affection, et désormais le prix Paillet pourra s'appeler le prix
Bethmont et le prix Liouville.

« Et maintenant, cher Liouville, j'ai dit ta vie active, ta vie
si remplie, si honorable et si honorée! J'ai essayé, autant que
je l'ai pu du moins, de payer la dette du barreau, mais je ne suis
pas quitte envers toi. Me sera-t-il permis ici de dire combien
je t'aimais et combien tu m'as aimé? Tu m'avais accueilli dès le
début, et plus tard, quand nous nous sommes rencontrés dans

la carrière, adversaires de tous les jours, tu te plaisais à me rappeler les premières luttes où nous nous étions connus, et les conseils que dès lors tu me prodiguais dans ta bienveillante affection.

« Je t'ai vu bien heureux, le jour où, récompensant en toi le talent, le travail et la probité, le barreau te reconnut pour son bâtonnier ; mais je t'ai vu bien heureux aussi, heureux cette fois du bonheur d'un ami, quand, m'embrassant avec des larmes et me saluant comme ton successeur, tu me demandas d'aimer notre profession comme tu l'avais aimée ; d'aimer nos jeunes stagiaires que tu me confiais comme tu les avais aimés toi-même !

« Ah ! crois-le bien, tes exemples et tes leçons nous sont restés chers et précieux. Ton nom et ta mémoire ne périront pas au barreau. Mais moi, je t'ai voué une éternelle reconnaissance, et elle ne s'effacera de mon cœur qu'avec ma vie !

« Adieu, Liouville, pour la dernière fois ! »

DISCOURS DE Mᵉ DESMAREST

Membre du Conseil de l'Ordre des Avocats de Paris.

Après ce discours, M. Desmarest, ancien secrétaire de M. Liouville et l'un de ses amis les plus intimes, a voulu, lui aussi, dire un dernier adieu à celui qui avait guidé ses premiers pas dans la carrière qu'il parcourt si brillamment; mais son émotion était telle qu'il paraissait douteux qu'il eût la force d'accomplir la pénible tâche qu'il s'était donnée; cependant il put prononcer jusqu'au bout la touchante allocution qu'il a adressée à celui qui fut son maitre et son ami. Il a dit :

« Cher Liouville, le barreau tout entier, par la voix puissante de son chef, vient de te faire les suprêmes adieux; laisse-moi te parler encore un instant au nom de ceux d'entre nous qui furent tes collaborateurs et tes élèves. Adieu, généreux protecteur de notre jeunesse! adieu notre patron bien aimé! Nous que tu as soutenus de tes encouragements et de tes exemples, nous qui composions ta famille d'adoption au sein de la grande famille judiciaire, nous venons sur le bord de cette fosse entr'ouverte t'apporter le tribut de notre gratitude et de notre affection. Qui pourrait savoir mieux que nous combien, dans cette noble nature, tout était bon et grand, le cœur, l'esprit, le courage ?... Nos souvenirs forment comme un enchaînement où son âme respire, où sa mémoire revit et revivra sans s'effacer jamais. N'avons-nous pas été témoins de ses labeurs et de ses triomphes? N'avons-nous pas été mêlés aux joies et aux douleurs de son existence? Comme il était simple et affectueux dans la famille! comme il était fort et courageux dans les épreuves de la vie! Quelle aimable cordialité dans les relations, quelles ressources dans l'esprit, quelle"

sérénité et quel stoïcisme dans le caractère! Lorsque les plus
âgés d'entre nous ont eu le bonheur de se trouver sur son chemin, il était déjà dans la plénitude de sa verve et de son talent ;
il remplissait les audiences de sa merveilleuse et infatigable
activité, toujours prêt, jamais en défaut, soldat de tous les
jours et de toutes les luttes, des petits engagements comme des
grandes batailles! Rien ne semblait manquer à son bonheur,
quand tout à coup un voile de deuil se répandit sur sa famille;
il perdit la douce et charmante compagne de sa vie, la mère de
ces fils qui pleurent avec nous autour de cet inexorable tombeau.

» Quelle fermeté il a montrée dans ces cruelles épreuves, et
comme lui, l'homme des devoirs austères, il a été fidèle à la reli-
gion des souvenirs! Vous savez tous, vous qui avez vécu dans
son intérieur, quelle éducation virile il a donnée à ses fils; avec
quelle tendresse *maternelle* il a élevé sa fille, qui, par un juste
retour de sentiments, a été l'ange consolateur de ses dernières
souffrances et l'a accompagné dans ce voyage où il a été rede-
mander aux climats de l'Italie et de la Grèce une santé qu'hélas!
ils ne lui ont pas rendue. C'est ainsi que toujours, au milieu de
ses afflictions comme de ses souffrances, il puisa ses consolations
ou sa force dans la puissance des sentiments de famille.

» Pendant qu'il s'illustrait au barreau, son frère s'illustrait dans
les sciences; leur père, officier des grandes guerres du commencement de ce siècle, pouvait être à bon droit fier quand il recevait
les caresses de ces deux fils, si tendres, si respectueux, dont l'un
devait être membre de l'Institut et l'autre bâtonnier de l'Ordre des
avocats.

» Cet honneur suprême du bâtonnat, unique ambition de Liouville, était le couronnement promis à sa vie judiciaire, la récompense légitime de ses travaux, de son grand cœur et de ses rares
talents.

» Liouville n'était pas seulement le lutteur de tous les jours,
supportant sans en être accablé le poids des affaires les plus difficiles, son talent grandissait avec ses causes; son cœur, où toutes
les idées généreuses avaient un écho, lui communiquait la puis-

sance de l'orateur. Comment n'aurait-il pas été à la hauteur des premiers maîtres de la parole, lui qui aimait d'un si ardent amour tout ce qui est beau, tout ce qui est grand, l'honneur, la patrie, la liberté ! Soit qu'il s'agit de revendiquer les droits de la pitié, comme dans l'affaire de l'accident du 8 mai, où il peignit d'une manière si émouvante le plateau de Bellevue, après le passage des locomotives homicides ; soit qu'il fallût exprimer les fières susceptibilités de la dignité individuelle, comme dans l'affaire Servient ; soit qu'il invoquât les priviléges de la pensée, comme dans les procès de presse, qu'il plaida aux Assises, où cependant il parut rarement ; soit qu'enfin il fallût, auprés d'une tombe, consoler ceux qui survivent en leur parlant de Dieu et des espérances de la mort, comme il le fit pour notre si regretté jeune confrère Charmansat, toujours et partout Liouville a su trouver dans sa belle âme les inspirations de la véritable éloquence.

» Aussi avec quel plaisir tout le Palais l'a-t-il acclamé bâtonnier ! Et quand il a écrit pour la jeunesse les règles de la profession d'avocat, n'avons-nous pas tous pensé que sa vie en avait été un des meilleurs modèles ?

» Un trait manquerait à ce tableau de son caractère et de sa vie, si je n'ajoutais que, malgré sa modestie, Liouville a été un grand citoyen par la puissance du dévouement et la sympathie des pensées généreuses. Bien que renfermé dans la vie privée, loin des sentiers officiels du pouvoir, loin des grands théâtres de la vanité et de l'ambition, il avait conquis, sans la chercher, une puissance personnelle d'autant plus grande qu'elle était volontairement acceptée par tous.

» Esprit ferme, cœur vaillant, Liouville était de ceux qu'aux jours de périls, la cité était sûre de voir accourir prêts à sacrifier modestement leur vie pour la défense des lois. Liouville, pour tout dire en un mot, était homme public par le cœur.

» Adieu notre maître chéri, adieu notre bon et regrettable confrère ! C'en est donc fait, tu ne retourneras plus dans ce Palais que tu aimais tant et où tu étais tant aimé ! Tu nous laisses sur cette terre pour aller retrouver dans la céleste patrie ceux qui t'ont devancé; tu vas rejoindre Hacquin, qui t'a précédé de quelquesjours, et au souvenir duquel, dans tes derniers instants, tu pensais avec une si touchante sollicitude. Adieu, Liouville! adieu, mon père ! Ton souvenir sera impérissable dans nos cœurs; nos yeux chercheront toujours ta place vide, et dans le malheur comme dans la prospérité, nous mettrons notre gloire à nous inspirer de tes exemples pendant que, du haut des cieux, tu con-tinueras de veiller sur nous ! »

Après ce discours, la foule, vivement impressionnée par le dou-ble malheur que tous déplorent, a quitté silencieusement le cime-tière du Père-Lachaise.

ARTICLE DE M. COCHERY

(La Presse du 8 Avril.)

Félix Liouville, ancien bâtonnier de l'Ordre des avocats à la Cour impériale de Paris, vient de décéder à l'âge de cinquante-sept ans.

Il y a dix-huit mois, sa santé, altérée par un travail opiniâtre, l'avait contraint à quitter momentanément le Palais, pour aller demander de nouvelles forces à l'Italie, à la Sicile et enfin au ciel de la Grèce.

Malheureusement, ces climats généreux ne purent lui rendre la santé, et il revint, en mai 1859, encore plus souffrant qu'à son départ. A partir de ce moment, la maladie fit de rapides progrès; on put croire un instant, en janvier dernier, qu'une amélioration notable se manifestait ; sa famille et ses amis revenaient à l'espoir; mais ce fut en vain : le mal l'emporta, de nouvelles complications dans l'état du malade trompèrent les efforts de la science, et samedi soir, alors qu'on l'avait avancé près d'une fenêtre pour respirer les premieres approches du printemps, un étouffement subit est survenu et a mis fin à une existence si bien remplie quoiqu'elle ait été trop courte.

C'est une perte immense pour le Palais et pour les idées libérales, dont il était un ardent représentant.

Félix Liouville, avant de débuter au barreau, avait, par la pratique réelle des affaires, conquis une grande expérience, et quand, pour la première fois, il porta la parole dans une cause civile, ce n'était déjà plus un novice débutant, c'était un avocat expérimenté.

Aussi il progressa rapidement, et quelques années s'étaient à peine écoulées que déjà il était appelé à siéger, parmi les anciens, au Conseil de l'Ordre.

Son rare talent lui avait justement mérité cette distinction.

Il avait une argumentation serrée qui saisissait le juge, une science du droit qui ne faisait jamais défaut à sa cause, une méthode qui lui permettait de dérouler dans un enchaînement habile les arguments de son procès, et de prévoir, en les combattant, ceux de son adversaire.

Jamais il n'arrivait à l'audience qu'avec la connaissance complète de son dossier, et, quel que fût le nombre prodigieux des affaires dont il était chargé, il était toujours prêt.

Liouville n'atteignait à ce résultat que par un travail incessant et excessif, en se mettant à l'étude dès quatre ou cinq heures chaque matin et en se refusant à toutes les distractions du monde.

Il n'était pas seulement un avocat habile, il savait, dans certaines causes, devenir un grand avocat, et puiser dans son cœur à ces sources du sentiment qui élèvent le talent et l'inspirent.

Nous pourrions citer nombre d'affaires où il fut l'égal des plus illustres.

En dehors de l'audience, doux et bienveillant pour ses jeunes confrères, il était heureux de tendre la main aux stagiaires et de les conduire à travers les premières difficultés de la carrière. Leurs succès lui étaient plus chers que les siens propres, et tous ceux qui furent ses élèves lui doivent un profond et reconnaissant souvenir.

Il avait, sous sa mâle enveloppe, une bonté de cœur inépuisable. A combien n'a-t-il pas prêté un appui d'autant plus précieux qu'il y apportait une exquise délicatesse?

A cette sensibilité s'alliait un caractère énergique et tout à fait antique. Le devoir était son guide inflexible et ne laissait jamais place à la moindre hésitation dans sa conduite.

Il fut élevé, en 1856, à la dignité de bâtonnier de l'Ordre des avocats. Cette récompense, si bien méritée, avait été le but de sa carrière et devait précéder de bien près sa mort. A l'ouverture et à la clôture des conférences, il prononça quatre discours où il traça les règles et les devoirs de la profession. Ces discours res-

teront comme le manuel de l'avocat, et, pour bien comprendre
Liouville, c'est là qu'il faut l'aller chercher.

Il fut aussi un citoyen dévoué à la cause du progrès.

Il avait embrassé la défense des idées libérales, et y apporta la
loyauté, la modération et l'abnégation de son caractère. Il fut
l'un des candidats aux dernières élections de Paris, et il s'en est
fallu de bien peu de voix qu'il ne fût élu.

Si la mort ne l'avait pas enlevé prématurément, et si les circonstances lui eussent permis d'aborder la vie politique active,
il aurait, avec les précieuses qualités de son talent, rendu de
grands services aux idées qu'il représentait.

Il laisse derrière lui des regrets qui seront longs à se calmer et
un souvenir qui ne périra pas.

ARTICLE DE M. HAVIN

(Le Siècle du 9 Avril.)

Nos deuils se succèdent avec rapidité. Celui-ci était malheureusement prévu depuis longtemps. M. Liouville a succombé à une maladie longue et douloureuse. Il a suivi une à une et sans sourciller les phases du mal qui devaient l'emporter, et, dans cette lutte cruelle, la sérénité de son âme n'a pas été un seul instant troublée.

M. Liouville n'a jamais occupé de fonctions publiques, les événements ne l'ont pas mêlé activement au tumulte des luttes politiques, et cependant M. Liouville laisse un nom connu et honoré par tous les partis. Jamais cette grande et belle intelligence n'a fait défaut à la cause libérale, jamais cette âme loyale, courageuse, ce dévouement infatigable n'ont fait défaut à ce qui était juste, à ce qu'il regardait l'observation *du devoir*.

M. Liouville a été une des lumières du barreau ; ses succès y furent brillants et rapides. Un sens exquis, une merveilleuse aptitude pour les affaires, des connaissances très-étendues et très-variées, un esprit et une verve intarrissable, une ardeur au travail qui a fatalement abrégé sa carrière, tels étaient les traits principaux du talent de l'homme éminent dont nous déplorons la perte.

Que serait-ce si nous le suivions dans son foyer, dans ses relations amicales, dans le bienveillant patronage dont il aimait à entourer les nouveaux venus dans la carrière qu'il parcourait si glorieusement ?

Nous honorions, dans la personne de M. Liouville, non-seulement l'excellent citoyen, le patriote éclairé, l'avocat éminent, mais aussi les qualités les plus rares et les plus charmantes de l'homme privé.

Les sages, les vaillants encore dans la force de l'âge s'en vont; mais, loin de nous décourager, que ces pertes douloureuses nous fortifient dans notre foi. De jeunes et vigoureux talents naissent et ont déjà grandi à l'ombre de ces renommées puissantes. Les pères laissent des fils dignes d'eux, des fils qui ont l'honorable ambition de maintenir et d'étendre l'héritage de la gloire paternelle. C'est aux vivants d'honorer ainsi les morts!

La perte que le barreau de Paris vient de faire sera ressentie par tous ceux qui, comme nous, ont voué leur énergie à cette grande cause de la liberté, de la justice et du droit, que M. Liouville a servie avec le dévouement le plus admirable.

ARTICLE DE M. PAUL D'IVOI

(Figaro du 12 Avril.)

COURRIER DE PARIS.

M. Félix Liouville vient de mourir quelques jours après M. Bethmont. Il avait cinquante-sept ans. Il était né à Lille, le 31 décembre 1803. Il fit de fortes études en droit, prit le diplôme de docteur, passa ensuite cinq ans dans une étude d'avoué pour se familiariser avec la procédure et la pratique des affaires, et se fit enfin inscrire, en 1829, au tableau des avocats de la Cour royale.

Orateur excellent, passionné, véhément, sympathique, il eût brillé dans les dramatiques débats de la Cour d'assises. Mais il s'en tint toujours éloigné et il s'attacha exclusivement aux causes civiles, où non-seulement son habileté de jurisconsulte et sa science des affaires lui valurent de nombreux succès, mais où encore l'inflexible probité de son caractère lui donna une influence incontestable.

Un premier président demandait à Me X*** pourquoi il se chargeait souvent de mauvaises causes.

— Monsieur le président, répondit l'avocat, j'en ai tant perdu de bonnes, que je ne sais plus lesquelles prendre.

C'est là une question que l'on n'eût jamais osé faire à M. Liouville, et c'est une réponse qu'il n'eût pas faite. Il ne se chargeait jamais d'une cause que quand elle lui paraissait juste. Jamais il n'aurait mis sa parole au service d'une affaire si elle eût été seulement douteuse à ses yeux ; aussi était-ce déjà une forte présomption en faveur d'un plaideur que de savoir que M. Liouville s'était chargé de son affaire.

Le talent de M. Liouville était un des plus originaux du barreau de Paris. On rencontrait fréquemment dans ses plaidoiries des passages élevés de ton, vifs, purs ; sa phrase souple, incisive, sémillante, d'une gravité sans pédantisme, d'une gaîté toujours bienséante sans avoir l'art habile et excessif de certains écrivains, avait bien plus de légèreté, d'aisance, d'éclairs soudains, d'enthousiasme communicatif, d'abandon charmant, d'agilité, de nerf, de grâce primesautière. C'était de la vraie verve gauloise, non apprise, trouvant mieux souvent, par l'improvisation et le laisser-aller, ce que d'autres n'atteignent qu'à force de talent et par un travail qui laisse partout son empreinte trop visible.

Mais avec ces qualités vives, il avait ce sérieux de conviction, cette dignité même auprès de la passion, sans lesquelles il n'y a pas d'orateur véritablement grand.

En 1856, il fut élu bâtonnier de l'Ordre des avocats en remplacement de M. Bethmont. Les discours qu'il a prononcés comme bâtonnier, sur la profession d'avocat, ont été publiés sous ces titres : *Devoirs, honneurs, avantages, jouissances de la profession d'avocat ; le Stage ; la Plaidoirie ; Lois et Règlements de la profession d'avocat.* Je ne ferai qu'une remarque à ce propos. Un grand charme de ces livres, produit d'un esprit supérieur et d'un noble cœur, c'est qu'à chaque moment on sent que l'homme perce à travers l'avocat ; c'est qu'on s'aperçoit que pour celui-ci la science a eu ses épreuves, comme la vie, pour l'autre, a eu ses luttes. Sa profession n'est pas seulement pour lui une carrière d'étude plus ou moins honorable et féconde, c'est encore une énergique croyance ; il y croit comme à l'esprit humain lui-même qu'elle manifeste et qu'elle sert tout ensemble. Certes, on en conviendra, au temps où nous vivons, il n'est pas sans quelque grandeur, et c'est une gloire belle et piquante, que d'avoir connu les affaires et gardé sa foi aux principes, vu de près les partis sans cesser de croire à la dignité de l'homme.

Un des procès intéressants plaidés par M. Félix Liouville est l'affaire Servient. Le jeune Servient, mort il y a peu de temps en exil, était, en 1847, élève de l'Ecole polytechnique. Il s'était

battu en duel contre un de ses camarades qui avait succombé.
Servient demeura plus de six mois en prison, manqua son exa-
men et fut obligé de passer un an de plus à l'Ecole. M. Liouville
ayant à défendre l'honneur et la liberté de ce noble jeune
homme, soutenu, électrisé par sa mission, plein d'une émotion
profonde, trouva des inspirations soudaines qu'il fit partager à
la Cour. Une sorte de communication mystérieuse s'établit entre
lui et les jurés. Il obtint un succès complet : non-seulement il fit
acquitter Servient, mais encore il fit comprendre la nécessité de
changer la législation sur le duel. En sortant du tribunal, un
des juges dit à M. Liouville ce mot qui peint bien l'autorité de
cet éminent avocat :

— Maître Liouville, vous n'avez pas fait un plaidoyer, vous
avez rendu un arrêt et présenté une loi.

M. Liouville n'était pas décoré.

ARTICLE DU MÊME JOURNAL

(12 avril.)

La pierre qui recouvre le tombeau où l'on vient de descendre les restes d'un avocat illustre n'est pas encore scellée, que déjà se creuse une autre fosse destinée, elle aussi, à recevoir la dépouille mortelle d'une autre illustration du barreau.

Mardi dernier, l'Ordre des avocats tout entier, presque toute la magistrature, un grand nombre de membres de nos anciennes assemblées et de nos corps politiques, cinq ou six ministres du régime actuel, une vingtaine au moins de ses grands dignitaires les plus considérables et les plus justement considérés et respectés, plusieurs membres distingués du Sénat, du Conseil d'État et du Corps législatif, entouraient, à Saint-Paul, le cercueil de Bethmont; hier mardi, une grande partie de cette même foule était, à Saint-Roch, autour du cercueil de Liouville.

Cette spontanéité de la magistrature à retarder l'ouverture de ses audiences ne pouvait, sans inconvénient pour le public plaideur, se reproduire à huit jours de distance; cependant le nombre des magistrats de la Cour et du tribunal, qui s'étaient joints aux membres de l'Ordre, était considérable.

Les cordons du poêle étaient tenus par M. Vavin, ancien député; M. Plocque, bâtonnier de l'ordre; M. Desmarest, membre du conseil, et M. Ernest Picard, avocat et membre du Corps législatif.

Après eux venaient deux à trois cents avocats et avoués en robe. Il y en avait au moins autant en habit de ville.

A midi, l'église Saint-Roch était toute remplie par le monde du palais. Tous ceux qui, forcés d'être présents à l'ouverture des audiences, avaient pu faire remettre leurs affaires, s'étaient empressés de venir rendre un dernier témoignage de respect à l'avocat qui avait été pour eux un confrère aimé, respecté et honoré entre tous.

La Faculté des sciences, où le nom de Liouville tient aussi un rang illustre, était là représentée par quelques-uns de ses membres les plus distingués.

Nous avons aussi remarqué M. Géruzez, de la Faculté des lettres.

Après une messe en musique, qui a duré jusqu'à une heure, on s'est mis en marche pour le Père-Lachaise.

Comme aux funérailles qui, il y a huit jours, sortaient de Saint-Paul, deux fils, deux jeunes gens, suivaient aujourd'hui le deuil de Saint-Roch ; et de même que les fils de Bethmont, ceux de Liouville sont de taille à ne pas laisser s'amoindrir le nom de leur père.

Au milieu des membres de la famille, on distinguait quelques personnages politiques.

Un instant, en 1848, bien moins parce que M. Liouvillle était alors, comme hier encore, le plus grand avocat homme d'affaires de Paris, que parce qu'il avait fait acquitter deux fois le journal *la Réforme*, ses amis en firent un candidat aux Assemblées constituante et législative.

Cette candidature échoua et cet échec fut, selon nous, un bonheur pour le candidat. M. Liouville, il faut le dire, n'avait pas trop aidé de sa personne au zèle de ses amis. Il ne voulut jamais se laisser traîner dans les clubs, ou dans ce qu'on appelait réunions électorales ; il avait trop de netteté dans l'esprit, de sincérité dans le cœur, de générosité dans l'âme, d'élévation dans les sentiments, pour s'astreindre, même pendant une demi-heure, à parler ce jargon métaphysico-démocratique si fort à la mode en ce temps-là. C'est à peine s'il fit une profession de foi.

Dans les annales de leur profession, Bethmont et Liouville laissent chacun une grande mémoire ; mais encore, entre ces deux intelligences d'élite, que de différences !

Si, dans sa vie, Bethmont dut plus d'une fois se croire rudement et douloureusement traité par la fortune, de quels dons ne l'avait-elle pas comblé en naissant : vastes facultés intellectuelles, rare délicatesse de sentiment, charmes de l'esprit, grâces extérieures, elle lui avait tout prodigué, jusqu'à la beauté.

Bien différent fut le partage de Liouville. En dotant ce fils d'un petit bourgeois lorrain d'une énorme puissance de conception, d'un merveilleux esprit de suite dans les idées, d'une étonnante vigueur d'intelligence, d'une ardeur et d'une patience au travail à rendre des pions à tout un couvent de bénédictins, la nature se crut tout simplement quitte ; ces dons lui parurent suffisants pour, étant bien employés, conquérir un grand nom et une grande fortune. Liouville pensa absolument de la même façon. Les grâces n'avaient pas souri sur son berceau. Il en prit bravement son parti, et jamais ne leur fit le moindre brin de cour.

Les vingt volumes in-4° dont se compose le labeur de Bossuet, peuvent se lire d'un bout à l'autre, sans qu'au milieu des éclairs de génie dont ils sont pleins se rencontre jamais le moindre trait d'esprit. Le labeur de Liouville, si on pouvait imprimer et réunir tout ce qu'il a écrit et débité, représenterait un volume au moins cinq ou six fois plus considérable. Eh bien ! on pourrait le feuilleter d'un bout à l'autre, sans crainte d'être jamais distrait sur son chemin par l'apparition de la plus petite fleur de rhétorique.

Sur les bancs du collége, sur ceux de l'école, dans le calme du cabinet, M. Liouville avait, cela se sentait bien, pâli autant qu'un autre sur les grands maîtres de l'antiquité et des temps modernes. Il avait fait son profit de tout ce que ces grandes intelligences avaient pensé, mais nullement des grâces et des charmes dont elles avaient entouré leur enseignement. Jamais homme n'eut pour la forme, nous ne dirons pas plus de dédain, mais moins de souci.

Son éloquence rude, forte, exacte, allait droit à son but, sans plus de déviation qu'une ligne tirée d'un point à un autre.

C'était aussi un rude et sévère éplucheur Bien que, de tous

les avocats de sa génération, il soit assurément celui qui ait le plus plaidé, plus de causes entrèrent dans son cabinet qu'il n'en apporta au palais. Il ne voulut, et ce n'est pas là sa moindre gloire, s'exposer jamais à raisonner faux. Les puissantes et merveilleuses facultés de son esprit, qui lui faisaient si bien apercevoir le vrai dans les questions les plus épineuses et les plus embrouillées, il n'aurait jamais voulu les employer à démontrer que ce qui est blanc est noir, *et vice versâ*.

Les magistrats étaient toujours certains qu'ils avaient devant eux un avocat personnellement convaincu de la bonté et de la solidité des arguments qu'il leur exposait.

Bâtonnier, M. Félix Liouville, qui déjà peut-être sentait sa fin approcher, comprit qu'il avait une grande œuvre à faire.

Si, sous sa présidence, les conférences furent moins attrayantes que sous celle de M. Bethmont, au dire de toutes les personnes compétentes en ces matières, il n'y en eut jamais de plus utiles.

En rédigeant un résumé de cet enseignement, M. Liouville a voulu en faire profiter l'avenir aussi bien que le présent, et ce résumé est assurément le plus beau et le plus profitable legs qu'il ait fait à son Ordre et à son pays.

Si, comme nous croyons le savoir, il s'écrit en ce moment quelque part une histoire du barreau, son auteur conviendra que cette dernière œuvre n'est pas la moins belle page de cet homme de bien.

ARTICLE DE Me FÉLIX,

AVOCAT

(Le Monde Illustré du 14 Avril)

COURRIER DU PALAIS.

La mort frappe dans les rangs du barreau et ce sont les têtes
les plus illustres qui sont atteintes. Hier c'était Bethmont, aujour-
d'hui c'est Liouville. — Des anciens bâtonniers restés fidèles à
leur robe noire, trois seulement vivent encore, MM. Marie, Gau-
dry et Berryer, trois sur cinq, hélas !

Entre ces deux hommes éminents qui, dans la même carrière,
ont débuté ensemble, lutté ensemble, que la mort a saisis en
même temps et qui laisseront au Palais un souvenir également
profond et durable, il semblait que la nature eût épuisé tous les
contrastes. Plus orateur qu'avocat, plus artiste et philosophe
qu'orateur, Bethmont paraissait un Athénien égaré dans notre
société moderne. L'exquise distinction du langage, la grâce du
geste, le timbre sympathique et musical de la voix, ces dons
heureux que l'éloquence antique exigeait de ses maîtres, il les
réunissait tous. Rien chez lui cependant qui sentît l'apprêt et
l'effort, rien qui révélât l'homme qui fait profession de la parole.
Il plaidait ; on eût dit qu'il causait ; mais quelle causerie pleine
de charmes ! quelles digressions heureuses ! quelle étendue et
quelle élévation de vue ! Esprit vaste et souple, imagination
abondante, feconde, nourrie d'idées générales et philosophiques,
Bethmont, dans quelque sphère qu'il se trouvât porté, était fait
pour y réussir. Dans nos assemblées législatives, au conseil d'État
surtout, où il a ouvert une parenthèse de deux années à sa carrière du barreau, il a laissé des traces de sa brillante intelligence.

La profondeur et la justesse de ses aperçus, la netteté et la séduction de sa parole, son esprit de conciliation et son habileté dans la direction des débats lui avaient conquis, il est permis de le dire, parmi les membres de ce corps illustre, une supériorité qui n'a jamais été contestée.

Si Bethmont était un Athénien, Liouville était un Gaulois. Son éloquence était rude, simple, sans prétention, dédaigneuse des ornements, admettant parfois la saillie, faisant bon marché des afféteries et des délicatesses du langage; et ne croyez pas que ce fût par ignorance ou insouciance littéraire: nul plus que Liouville n'était familier avec les chefs-d'œuvre des trois grands siècles, nul n'en ressentait plus vivement, n'en appréciait plus sainement les beautés et les élégances; mais tout en les admirant, il se souciait peu de les faire passer dans son discours, il eût craint de l'énerver; à ses yeux la forme était suffisante, pourvu qu'elle fût nette, concise et énergique. Aussi, quelle méthode et quelle logique, quelle solidité, quelle carrure dans les assises de ses plaidoiries, quelle sûreté et quelle vigueur dans la dialectique! Il n'y avait pas de procès si compliqué, de broussailles si épaisses, que sa parole, comme une hache bien trempée, ne parvînt à entamer, abattant sur son passage les arguments vains, les objections stériles, déblayant le terrain et y faisant pénétrer de force le jour et la lumière.

Ces qualités de discussion jointes à une connaissance approfondie du droit et de la pratique et à une chaleur entraînante, qui atteignait parfois à l'éloquence, faisaient de Liouville l'adversaire le plus redoutable que l'on pût rencontrer dans les affaires civiles. Comme Paillet, il plaidait sur des notes merveilleusement faites et où se trouvait indiquée toute la trame de ses plaidoiries. Ses consultations étaient excellentes et plusieurs sont des chefs-d'œuvre du genre.

Liouville a été surtout et avant tout un avocat. Il aimait, il adorait sa profession. Quelques aspirations, — bien permises d'ailleurs — vers la vie politique, l'ont à peine distrait de cette autre vie qui était celle pour laquelle il était vraiment né. Le jour le plus heureux de sa trop courte carrière a été sans nul doute

celui où il a reçu, pour me servir de ses expressions, les insignes
honneurs du bâtonnat. Pendant les deux années de son exercice,
il s'est donné sans réserve aux intérêts de l'Ordre, s'appliquant
principalement à guider dans la difficile carrière du barreau les
premiers pas de ses jeunes confrères. C'est pour eux qu'il a com-
posé quatre instructions familières destinées à servir de bréviaire
à l'avocat et que lui-même a résumées ainsi :

« La première, a-t-il dit (devoirs, honneurs, avantages et
» jouissances de la profession d'avocat), expose les devoirs géné-
» raux de notre belle profession et recherche les raisons qui
» doivent nous la faire aimer.

« La seconde (le stage) indique les travaux qui constituent
» spécialement le stage et la manière de le rendre utile,

« La troisième (la plaidoirie, les mémoires, les consultations)
» demande à l'expérience et aux maîtres de la parole les moyens
» d'étudier une affaire et de la présenter aux juges.

« La quatrième indique par quelles lois et quels règlements
» notre profession a été régie depuis Charlemagne. »

En tête de ces instructions, Liouville avait inscrit l'épigraphe
suivante, empruntée à Voltaire : « Le travail éloigne de nous
trois grands maux : l'ennui, le vice et le besoin. » Ce n'était pas
de sa part une citation de parade. Bethmont, dit-on, travaillait
à ses heures; Liouville, lui, travaillait toujours. Dès quatre heures du matin, il était assis dans son cabinet, le front penché sur
ses dossiers. Ce travail continuel et excessif a fini par triompher
de sa constitution robuste. Vainement, à l'expiration de son bâtonnat, est-il allé demander au ciel de Naples la réparation de ses
forces épuisées; il avait trop attendu. La maladie avait fait des
progrès rapides et était devenue sans remède.

Liouville était excellent confrère, d'une humeur égale, acces-
sible aussi bien aux jeunes et aux petits qu'aux anciens et aux
illustres. Il avait conservé ce vieil usage du tutoiement que la
pruderie du barreau moderne tend à bannir du langage confra-
ternel; le sans-gêne naturel de ses allures, dont il n'avait jamais
cru devoir se défaire, même vis-à-vis de ceux de ses anciens con-

frères promus à de hautes fonctions sous l'hermine où sous l'habit brodé, a été critiqué : défaut véniel en vérité, qui chez Liouville d'ailleurs n'était que l'envers de la franchise et de la loyauté.

Au moment même où expirait cet homme de bien, une consultation, la dernière à laquelle, ainsi que Bethmont, il eût apposé sa signature, était produite devant la Cour de cassation : il s'agissait du pourvoi de M⁰ Ollivier contre l'arrêt de la Cour de Paris, qui l'a condamné à la peine de la suspension.

ARTICLE DE Me CARRABY,

AVOCAT

(L'Univers Illustré du 19 Avril.)

COURRIER DU PALAIS

A huit jours d'intervalle, l'ordre des avocats a conduit à leur dernière demeure deux de ses anciens bâtonniers, Me Bethmont et Me Liouville.

Il y a eu de singulières coïncidences dans la vie de ces deux hommes éminents. Ils sont morts au même âge, à cinquante-sept ans, le même mois. C'est dans la même affaire qu'ils se sont révélés au public. Enfin, l'un avait succédé à l'autre dans les importantes fonctions du bâtonnat.

On ne saurait trop regretter de voir disparaître ces avocats célèbres qui forment la tête du barreau. Leurs successeurs auraient-ils autant de talent, qu'ils n'auraient plus la même autorité. Ils avaient presque tous pris part aux événements politiques. Ceux qui étaient restés hommes privés avaient, en luttant avec des orateurs de la tribune parlementaire, pris à ces derniers une partie de leur popularité et de leur importance.

Ce fut un hasard qui décida de la carrière de Liouville. Il ne se destinait point d'abord au barreau. Il travaillait depuis cinq ans chez un avoué, quand une circonstance imprévue le força à plaider. L'avocat chargé de défendre la cause que Liouville avait instruite tombe subitement malade. Impossible d'obtenir une remise. Le jour de l'audience est irrévocablement fixé. Le clerc d'avoué était parfaitement au courant du procès. Il prend un grand parti. Il met une robe, une toque, et le voilà qui plaide.

Il étonne les anciens; on se demande d'où vient ce stagiaire, cet avocat inconnu qui s'exprime avec tant de clarté et de logique. Les juges apprirent alors un nom qu'ils ne devaient plus oublier. Le succès fut éclatant; le client gagna complétement sa cause.

Liouville avait eu trop de succès. Les lauriers attirent la foudre. Les lauriers du jeune avocat ne démentirent point cette vérité. Il est une petite contravention que commettent parfois les jeunes licenciés en droit qui veulent faire leur stage et apprendre en même temps chez l'avoué la pratique des affaires. Un règlement ne permet point de cumuler ces deux genres d'occupations, cependant aussi peu lucratives l'une que l'autre. Il faut opter, être stagiaire ou être clerc d'avoué! On ne choisit généralement pas, et on tâche de ne pas divulguer la ruse. Du temps de Liouville, cela se pratiquait comme cela se pratique, dit-on, encore. Et il n'y a rien là que de bien innocent. Si Liouville avait médiocrement plaidé, on n'eût rien su. Mais il avait parlé avec tant d'éclat, que le lendemain chacun savait au Palais qu'un clerc d'avoué avait à l'improviste soutenu à l'audience un procès de son étude, et qu'il avait fait preuve d'un grand talent. Le conseil de l'Ordre infligea à Liouville la punition réglementaire, qui consiste à ne pas tenir compte au coupable de son temps de noviciat, et à le lui faire recommencer. Vous voyez que le châtiment était en rapport avec le délit, et que ni l'un ni l'autre n'était lourd.

Juges et avocats invitèrent Liouville à revenir.

Liouville fut au Palais un chef d'école.

Il y a en éloquence, comme en peinture, comme en littérature, différentes écoles.

Celui-ci représentera l'école du Corrége mitigé de Watteau. Il sera plein de grâce, d'élégance, d'esprit. Ce sera un grand maître dans l'art de plaire. Il voudra charmer, toujours charmer.

Celui-là cherchera à étonner, à frapper; il voudra émouvoir. Il va droit au but.

Enfin, si nous voulions passer en revue les différentes éloquences, nous pourrions les classer. Je vous montrerais les réa-

listes, les coloristes, les fanatiques de la ligne et du dessin,
les fantaisistes, les peintres d'histoire et les faiseurs d'aquarelles.

Liouville fut le chef de l'école du bon sens. Il ne recherchait
point les effets de pathétique, il n'aspirait point à gravir les
sublimes hauteurs de la philosophie. Ce qu'il voulait, ce qu'il
ambitionnait, c'étaient les saines qualités de l'esprit, la netteté,
la clarté, la lucidité. Il avait, ce qui s'apprend, une énorme expérience des affaires, et, ce qui ne s'apprend pas, l'intelligence
spéciale de l'avocat, intelligence qui lui indique le point où il doit
porter ses coups afin de persuader le juge et entraîner ses convictions. Il ne recherchait point ce qui brille Il ne voyait point
dans la parole une parure étincelante destinée à éblouir les yeux :
la parole n'était pour lui que le véhicule de la pensée. Aussi, afin
que la pensée ressortît plus vive et plus nette, il avait parfois
des audaces d'expression qui déroutaient les puristes du Palais.
Il connaissait les auteurs classiques, les lisait, les étudiait, les
commentait sans cesse; mais il pensait qu'au besoin il fallait
savoir échapper au despotisme de la forme, quand on pouvait
ainsi donner à l'idée un plus libre essor. Il s'occupait moins de
sa personne que de son client; aussi obtint-il dans les procès
où s'agitent des intérêts pécuniaires, une vogue qui dura trente
années, et qui sans cesse augmentait. Lorsque la cruelle maladie qui devait l'emporter lui fit ressentir ses premières atteintes,
il était dans toute la puissance de son talent. Si comme homme
il vit ses forces se dissoudre sous l'action du mal, s'il eut la douleur d'assister en quelque sorte à la décomposition de ses facultés, au barreau il ne survécut point à lui-même. Il fut jusqu'à sa
dernière plaidoirie aussi net, aussi clair, aussi logique qu'il l'avait
jamais été.

C'était non-seulement un homme de grand talent, c'était
encore un homme d'un caractère pur, d'une simplicité de mœurs
puritaine.

Il avait, au milieu de la vie parisienne, des agitations et des
attractions du monde, fait de sa maison une sorte d'oasis impé-

nétrable au bruit fatigant du dehors! C'était un sanctuaire où il n'y avait de place que pour l'étude et la vie de famille. C'était une sorte de cloître que sa demeure! mais un cloître animé par les rires d'une gracieuse et charmante famille (aujourd'hui, hélas! bien triste et bien désolée), et par l'apparition d'amis peu nombreux; amis dévoués que s'était conquis l'homme de cœur et le grand avocat.

A l'heure où Paris dort, Me Liouville se levait; il était quatre heures du matin quand il allumait sa lampe; il lisait les notes de ses secrétaires et ses dossiers jusqu'au moment où arrivaient les clients. A sept heures du soir, après le rude labeur de la journée (Liouville avait plaidé parfois trois ou quatre causes), c'était le dîner de famille, le plaisir du cœur, la bonne et douce récréation du père. A huit heures, il se livrait à quelque lecture et ne s'arrêtait que lorsque la fatigue répandait des nuages sur ses yeux et le condamnait au repos.

Le samedi, il réunissait à sa table ceux qu'il aimait le plus parmi ses confrères; et on causait, et on riait. Il n'économisait ni les bons mots, ni les saillies, ni les joyeuses plaisanteries. Ce qu'il appréciait avant tout, c'était l'expansion. Franc, sincère, loyal, il disait carrément tout ce qu'il pensait. Il avait une horreur instinctive pour la contrainte, pour l'étiquette, pour les formules qui régissent les relations cérémonieuses. Si vives que soient à Paris pour ces hommes éminents les séductions du monde, jamais il n'y laissa prendre ni son cœur ni son esprit. Les plaisirs bruyants et trompeurs n'enlevèrent à son bonheur domestique ni une heure ni même une minute!

Liouville adorait sa profession. Il en avait eu besoin dans les premiers temps pour se créer une fortune; mais plus tard il l'aimait bien plus encore, car il éprouvait pour elle un amour plus désintéressé; il ne lui devait plus que son superflu; il vécut alors pour plaider.

Il a fait un livre intitulé : *Devoirs, honneurs, avantages et jouissances de la profession d'avocat.* Ce titre résume toute sa vie. Il fut avocat, rien qu'avocat, toujours avocat; mais il trouva dans l'exercice de cette profession de suprêmes satisfactions. Il y a des avocats qui ne plaident qu'avec crainte; ils n'osent s'aventurer dans les débats ardents et passionnés; ils ne le font qu'en s'imposant une obligation. Liouville aimait la plaidoirie; il était là dans son élément; il ne respirait à l'aise qu'entre deux affaires.

Il y a un an, la Faculté le contraignit à abandonner le barreau, et l'obligea à voyager. Liouville, je crois, ne connaissait jusque-là que deux clochers : le clocher de Toul, sa patrie, et celui de Notre-Dame; trois, si Notre-Dame compte pour deux. C'est que chez lui le cœur commandait à l'imagination. Si riche que fût sa nature intellectuelle, si amoureux qu'il fût des poëtes, si désireux qu'il fût de voir de près les merveilles de l'antiquité, qu'il n'avait contemplées jusqu'alors que dans les livres, il aimait encore mieux les collines, le hameau où était placé le berceau de sa famille.

Enfin il partit pour l'Italie. Il éprouva d'énormes jouissances intellectuelles; il sut apprécier les monuments, les sites, les statues, les tableaux. Au milieu de tout cela, il n'oubliait jamais le barreau. Toutes les fois qu'il arrivait dans une ville, avant de rendre aux musées, aux villas, aux églises artistiques, la visite du touriste, c'est vers le tribunal qu'il se dirigeait; avant de voir, il écoutait. Il lui semblait qu'il retrouvait là un écho de la salle des Pas-Perdus du palais de justice de la ville de Paris!

Il revint. La Faculté inexorable lui ordonna le repos. Il passa sa vie en famille, entre ses deux fils, deux jeunes hommes de cœur, destinés l'un à hériter au barreau de la situation paternelle, l'autre appelé déjà par de brillants succès à donner dans la carrière médicale un nouvel éclat au beau nom qu'il porte. Dans sa retraite, Mᵉ Liouville n'oubliait point encore cette autre grande famille dans laquelle il avait passé plus d'un quart de siècle; comme les capitaines qui ne peuvent plus combattre, il dictait l'histoire, les préceptes, les principes, les règlements de la profession; il léguait à ses successeurs les vieilles traditions de l'illustre compagnie qu'il avait dirigée. Ce n'est pas tout : il a eu une dernière pensée pour les jeunes avocats, qu'étant bâtonnier de l'Ordre il n'appelait jamais que ses enfants; il a fondé en leur honneur un prix destiné à récompenser les plus méritants d'entre eux et à les encourager au début de leur pénible carrière.

Mᵉ Liouville a marqué partout sa place au Palais. Il laisse derrière lui un souvenir vivant de sa personnalité dans ce groupe d'avocats distingués qui sont ses élèves, et à la tête desquels on pourrait citer Mᵉˢ Desmarests et Allou, qui, après avoir occupé une place dans son cabinet comme secrétaires, sont venus en prendre une à côté de leur maître dans cette académie oratoire qu'on nomme le conseil de l'ordre. Aucun maître ne forma plus de maîtres. C'est dans son cabinet qu'apprirent à plaider Mᵉˢ Boulloche, Denormandie, Cresson, Picard, Busson, Brière, Gallois, Gournot, et tant d'autres, dignes également d'un tel professeur.

Peu d'hommes ont pu parcourir une aussi belle carrière que Liouville. De quelque point de vue qu'on examine l'homme, sa vie peut être soumise au contrôle de la critique sans en craindre le jugement. Il a eu les nobles satisfactions de l'amour-propre et les ineffables satisfactions du cœur. De semblables existences sont des arguments en faveur de l'immortalité; elles sont un exemple en deçà de la tombe, une espérance au delà.

ARTICLE DE Me KAEMPFEN,

AVOCAT

(L'Illustration du 21 Avril 1860.)

Jamais le palais ne fut moins vivant, jamais semaine ne fut à ce point vide d'événements judiciaires ; mais loin de nous plaindre, nous nous féliciterons d'une circonstance qui nous permet de vous parler plus longuement de l'honnête homme et de l'excellent avocat dont la mort a suivi de si près celle de Bethmont, et qu'une foule profondément émue accompagnait, il y a quelques jours, à sa dernière demeure.

Félix Liouville était né à Lille en 1803, d'une famille de la bourgeoisie. On ne le vit pas, à peine reçu licencié en droit, se précipiter à la barre, et se hâter de jouir des prérogatives que lui donnait son diplôme. Réprimant ces impatiences souvent funestes de la jeunesse, il se plongea plus que jamais dans l'étude, et obtint bientôt le grade de docteur. Il avait la science des principes, mais la pratique des affaires lui manquait encore ; il se fit clerc d'avoué pour l'acquérir.

Un jour, à la première chambre du tribunal, l'huissier appela une affaire dans laquelle étaient engagées de très-graves questions de droit. Un des maîtres du barreau devait plaider ; ce fut un avocat de vingt-quatre ans qui se leva et qui, d'une voix troublée, presque tremblante, s'adressa ainsi aux magistrats étonnés : « Messieurs, une voix plus éloquente que la mienne
« devait présenter à votre justice les réclamations de la famille
« Jacquinot. Le départ précipité de Me Dupin nous prive de cet
« habile défenseur, et vous voyez paraître à sa place un jeune
« homme sans talent, sans nom, et qui parle pour la première
« fois devant un tribunal. » Et le jeune homme, qui plaidait

presque dans sa propre cause, car des liens de famille l'unissaient à ses clients, montra bientôt qu'il avait autant de mérite que de modestie ; il gagna son procès, et le lendemain le nom de Liouville était connu du palais tout entier. J'ai lu ce plaidoyer ; c'est un modèle de clarté, de précision : l'argumentation en est pressante, le style vif et châtié ; il s'y révèle une rare connaissance du cœur humain, une sagacité extrême, une faculté d'analyse tout à fait remarquable.

Tel fut le début de M. Liouville dans cette carrière difficile du barreau, à laquelle il s'était si courageusement préparé. Il fut bientôt un des avocats les plus occupés de Paris. Nul n'avait à un plus haut degré le goût et la faculté du travail. Vivant retiré dans sa maison, ne donnant pas une heure aux distractions du dehors, il appartenait tout entier à ses clients. Son exactitude aux audiences était proverbiale ; elle effrayait ses adversaires : il était toujours prêt à plaider.

Ce qui le distinguait surtout, c'était la méthode et la lucidité. Il excellait à plaider les affaires les plus compliquées et à porter la lumière dans les causes les plus obscures. Logicien rigoureux, il dédaignait trop peut-être les grâces, les ornements du langage. On aurait pu justement l'appeler *Sa Solidité*, comme faisait Louis XIV de Mme de Maintenon. Ce n'est pas qu'il fût insensible aux beautés littéraires : les œuvres des grands poëtes de l'antiquité latine lui étaient familières ; sa mémoire en avait retenu les plus beaux passages ; mais il semblait qu'il craignît de les profaner en les mêlant à des détails judiciaires, ou qu'il se fît scrupule d'agir sur l'esprit des juges autrement que par des considérations tirées du droit ou de la raison. S'il prenait un soin extrême de cacher son érudition, il ne pouvait empêcher son naturel de s'échapper parfois en saillies toutes gauloises, qui jaillissaient de la façon la plus imprévue d'une discussion juridique, et déridaient les auditeurs au moment où ils ne songeaient guère à sourire.

M. Liouville plaida peu de procès criminels. On peut regretter, en lisant sa défense du jeune Servient, traduit devant le jury pour avoir tué en duel un étudiant en droit, qu'il n'ait pas abordé plus souvent la cour d'assises. Il trouva de ces paroles émouvantes qui sont dans les causes de ce genre des arguments souvent décisifs. Sa plaidoirie pour quelques-unes des victimes de la catastrophe du chemin de fer de Versailles, fut une de celles où il montra le mieux que c'est du cœur que viennent les plus éloquentes inspirations.

« Le plus précieux et le plus rare de tous les biens est l'amour de son état, » a écrit Daguesseau. M. Liouville eut plus que l'amour de son état, il en eut la passion.

Ce fut à sa profession qu'il demanda tous ses bonheurs et tous ses triomphes, et aux dignités qu'elle donne qu'il borna son ambition : le jour où il fut nommé bâtonnier par ses confrères fut certainement le plus beau de sa vie ; il témoignait la joie qu'il éprouvait de cette distinction avec la simplicité d'un enfant.

Il faut, pour bien connaître cet homme excellent, lire les discours qu'il prononça à l'ouverture et à la clôture de la conférence des avocats stagiaires. Son âme s'y reflète tout entière, et on y retrouve toute l'originalité naïve de son esprit. Avec quel enthousiasme il parle des jouissances de cette profession qui lui est si chère, du plaisir de travailler, du plaisir de concilier, du plaisir de plaider, « un des plus vifs qui existent au monde ! » Ce plaisir de plaider, il le ressentait plus que personne. On le savait bien au palais, et, un jour qu'il traversait la salle des Pas-Perdus, M. Paillet dit en le montrant : « Voilà le *Plaisir de plaider* qui passe. »

S'il est doux de plaider, il l'est plus encore de gagner un procès. M. Liouville dépeignait ainsi ce bonheur suprême : « Dès que l'avocat a obtenu l'arrêt sauveur, travaux, fatigues, ennui, inquiétudes. tourments, tout disparaît, tout s'envole ; ses souhaits sont exaucés, son but atteint, son devoir rempli ; il court à d'autres combats ; il oublie le service qu'il a rendu et, — ajoutait-il avec une bonhomie railleuse, — souvent de son côté le client, trop occupé, sans doute, à essuyer ses larmes, oublie son défenseur. «

Ailleurs, M. Liouville donne à ses jeunes auditeurs les plus sages conseils : il leur recommande avant tout la clarté. Sur ce point il est intraitable : « Honni soit, s'écrie-t-il, l'avocat qui n'est pas clair! Que dirai-je de lui, pour le frapper de malédiction?... Qu'ayant été donné pour guide au juge, il commence par le tromper et l'égarer, et que, changeant son office en celui de bourreau, il force le malheureux patient à se réfugier, pour éviter le martyre, dans les bras du sommeil. — Je le bannis de l'audience dont il est le brouillard. »

Le digne bâtonnier ne s'épargnait pas lui-même alors qu'il s'agissait d'être utile à ceux qu'il avait mission d'instruire : « Ménagez de bonne heure, leur disait-il, votre voix; quand on lui a permis à l'origine de s'élever trop haut, elle entre dans la région des cris... Croyez-en sur ce point mon sincère et repentant témoignage. »

Dans ses paternelles allocutions, M. Liouville aimait à se servir des formes de langage familières qui gravent plus facilement et plus profondément un bon conseil dans les esprits. Mais s'il avait à proclamer une de ces vérités fécondes dans lesquelles son âme libérale avait une foi si ardente, il s'exaltait; son style s'élevait naturellement et il savait trouver, pour exprimer sa pensée, des paroles pleines d'énergie et de belles images. En s'adressant pour la dernière fois à ses chers stagiaires, il leur disait : « Le droit seul est maître légitime du monde; la force et la ruse n'en sont que les usurpatrices. Le droit ne craint ni violence ni torture; il se rit de tout obstacle; il échappe à toute conquête; il n'y a pour lui ni confiscation ni exil. En le créant, Dieu lui a dit : Sois immortel. Et on cherche encore un geôlier qui l'enferme et un bourreau qui sache le tuer. » Il me semble qu'il est impossible de donner plus éloquemment une plus haute idée de la puissance du droit.

A partir de cette époque, M. Liouville ne parla plus que rarement en public : il était déjà atteint du mal qui devait le conduire lentement au tombeau. L'hiver suivant, il alla demander la santé au climat de Naples.

Cet infatigable travailleur, qui avait si bien décrit le plaisir de travailler, ne put y renoncer tout à coup. Un industriel français avait des difficultés avec le gouvernement napolitain touchant l'exécution d'un contrat : M. Liouville composa un mémoire adressé au roi, dans lequel il exposa les droits de son compatriote avec beaucoup de vivacité. Ses adversaires étaient les ministres, et il leur disait de très-dures vérités. En se constituant, loin de la France, l'avocat d'un Français, il lui semblait qu'il se rapprochait du pays natal.

Ce que le ciel de Naples n'avait pas fait, le ciel de la Grèce ne le fit pas davantage quelques mois plus tard.

Le malade revint de ce second voyage plus faible et désormais perdu.

« Profession chérie, avait-il dit, en ouvrant en 1856 la conférence des avocats, quand le temps sera venu, sois-moi propice jusqu'à la dernière heure, et, mettant le comble à tes bienfaits, accorde-moi cette mort à la barre que Paillet, pour couronner sa vie, a eu le bonheur d'obtenir de toi. »

Cette faveur suprême devait être refusée à M. Liouville. Ce vaillant soldat des combats judiciaires s'est lentement éteint loin de son champ de bataille ; depuis longtemps il ne prenait plus part à ces luttes qui avaient été l'honneur et le bonheur de sa vie.

ARTICLE DE Me HENRI DU BUIT,

AVOCAT

(Le Causeur du 22 Avril 1860.)

Le barreau vient de perdre en peu de jours deux de ses membres les plus chers et les plus estimés, MM. Bethmont et Liouville : tous deux, anciens bâtonniers, ont succombé l'un après une courte, l'autre après une longue maladie. Un nombreux cortége, se joignant au deuil de leur famille et de leurs amis, a suivi leurs corps jusqu'au cimetière; l'estime, le respect, les regrets de tous suivront leur mémoire et leur nom. C'est la dernière, la plus précieuse récompense de l'honnêteté, du travail et du talent.

Dans la carrière laborieuse et difficile qu'ils avaient embrassée, tous deux étaient arrivés au but contemplé par leur jeunesse ardente, à cette position réservée aux grands avocats, que donne l'autorité d'un grand savoir et d'une grande parole. Pour être *avocat* il ne suffit pas d'être jurisconsulte, il ne suffit pas d'être orateur, la réunion même de ces deux éléments indispensables serait encore peu de chose; il faut, outre cela, un esprit solide et conciliant, une délicate sincérité et la ferme conviction de la nécessité, de l'utilité de la profession. C'était là l'un des côtés saillants du caractère de M. Liouville : praticien consommé, il était d'un conseil sûr; pénétré des procès dont il se chargeait, confiant dans la bonté de son droit, il plaidait avec ardeur et comme pour lui-même, tant il s'identifiait avec sa cause, tant il aimait à exposer, à faire triompher ce que son esprit concevait si clairement! « Voilà le plaisir de plaider qui passe! » disait de lui son confrère, son ami Paillet, qu'il vient de rejoindre, et nous l'avons entendu s'enorgueillir à juste titre de cet hommage rendu par un homme de mérite à ses grandes qualités. M. Liou-

ville était un homme de travail, à ce point que sa nature énergique a été brisée à la peine, sans qu'il eût jamais négligé sa
profession pour un rôle politique que des opinions franchement
républicaines lui eussent cependant permis d'accepter avec honneur, et qu'il eût dignement rempli.

ARTICLE DE M. PAILLARD DE VILLENEUVE

MEMBRE DU CONSEIL DE L'ORDRE DES AVOCATS DE PARIS.

(La Gazette des Tribunaux du 30 Avril.)

M. BETHMONT. — M. LIOUVILLE

Les regrets que MM. Bethmont et Liouville laissent après eux ont eu d'éloquents interprètes, et nous ne voulons pas essayer de redire ici ce qui a été dit ailleurs en termes si nobles et si touchants. Mais quand un Ordre comme le Barreau perd deux hommes qui ont tenu dans son sein une place considérable, qui, à des titres divers, ont mérité d'être écoutés et suivis comme des maîtres, il est intéressant de les étudier, et de rechercher comment l'un et l'autre, par une voie bien différente cependant, et avec des qualités que l'on peut dire contradictoires, ont su conquérir une grande et légitime situation. Il n'y a pas seulement dans cette étude un hommage à la mémoire de ceux qui ne sont plus, il y a une utile leçon pour ceux qui restent.

Combien nous avons vu disparaître depuis quelques années parmi ceux que le talent et le travail avaient placés à la tête du Barreau, et dont on peut dire qu'ils en étaient tout à la fois l'honneur et l'enseignement! Que de vides, et dans les premiers rangs! Tantôt la politique, qui les emprunte; tantôt la mort, hélas! qui ne les rend pas. Et parmi les plus glorieux, dans cette triste nécrologie, Philippe Dupin, Paillet, eux aussi morts à la peine comme Bethmont et Liouville, frappés dans le plein exercice de cette profession si douce et si facile pour ceux qui la regardent de loin, et qui ne savent pas combien la vie s'use vite au milieu de ces travaux, de ces luttes, de ces émotions, de cette fièvre de chaque jour, et combien s'y comptent de défaillances prématurées et de morts avant le temps!

L'honorable bâtonnier de l'Ordre rappelait comme uu des triomphes de Bethmont, sa plaidoirie dans le procès auquel donna lieu la catastrophe du 8 mai 1842. Bethmont plaidait pour la compagnie du chemin de fer. Étrange rapprochement! Celui qui plaidait contre Bethmont, au nom des victimes, c'était Liouville. Il était difficile de mettre en présence deux hommes dont le talent eût moins d'affinité et de ressemblance, deux esprits plus éloignés l'un de l'autre par leur nature et leur tempérament; et tous deux cependant furent, dans cette lutte, dignes l'un de l'autre, et surent, chacun à sa manière, atteindre, sous l'une de ses formes, la véritable éloquence judiciaire.

Il ne faut pas rechercher les parallèles : la fidélité des appréciations y perd toujours un peu; le besoin des contrastes exagère, si même il ne crée pas les dissemblances, et ce sont là des jeux d'esprit dans lesquels la fantaisie prend plus de place que la vérité. Mais puisque c'est la triste loi de la mort qui vient ainsi, en même temps et dans les mêmes rangs, frapper les deux hommes d'entre tous qui étaient l'un à l'autre le plus éclatant contraste, comment la comparaison se pourrait-elle éviter? Comment ne jaillirait-elle pas toute seule de l'étude même de leurs talents et de leurs succès ?

Bethmont et Liouville eurent des débuts également heureux, et dès leurs premiers pas ils marquèrent la voie dans laquelle devaient les porter, l'un et l'autre, les instincts particuliers de leur caractère et de leur esprit.

Avant même de débuter à l'audience, Bethmont s'était déjà signalé parmi les stagiaires, au sein de ces Conférences intimes qui sont le premier théâtre où se préparent les renommées de l'avenir. Il y était connu par l'élégance de sa parole, par la distinction et la finesse de son esprit, légèrement empreint déjà de cette rêverie douce et charmante qui était un des attraits de sa personne et de son caractère. Aussi nous étions tous venus pour l'entendre le jour où, pour la première fois, il devait se présenter à l'audience. C'était en Cour d'assises; il s'agissait d'une affaire de vol dans laquelle il était chargé d'office. Bethmont se leva pour plaider : il était pâle, ému, tremblant, et à peine avait-il prononcé quelques mots qu'il fut contraint de s'arrêter, de se rasseoir, et il ne put continuer qu'après un court repos, que s'empressa de lui accorder la bienveillance du président. Il fut comme découragé de ce premier essai, se demandant même s'il resterait avocat. Mais, quelques jours après, il reparut à l'audience, maître de lui cette fois, et sa seconde plaidoirie fit pressentir ce qu'il devait être un jour. C'étaient bien là les débuts d'une organisation comme la sienne. Sa nature impressionnable et délicate ne savait pas résister à un mouvement du cœur ; l'émotion chez lui dominait, entraînait la pensée, et cette exquise sensibilité qui, au jour du premier début, semblait étreindre sa parole et inquiéter sa raison, devait être plus tard le ressort mystérieux et puissant qui ferait vibrer en lui les plus belles inspirations de l'éloquence.

Liouville débutait à peu près à la même époque, mais dans une autre enceinte et d'une autre façon. Il avait depuis longtemps essuyé le premier feu, comme maître clerc d'avoué, dans les luttes de l'audience des référés, et il entra d'emblée dans la plaidoirie civile, comme un vieux praticien déjà rompu aux affaires et initié à tous les secrets de la procédure. Il plaidait une affaire grave, difficile, et qui se rattachait aux souvenirs des querelles religieuses du dix-septième siècle, aux intrigues du Jansénisme, à l'histoire de cette fameuse *Boîte à Perrette*, fondée par Nicole, et destinée à recevoir les fidéicommis que se transmettaient l'un à l'autre les patients adversaires du Molinisme. Tous ces souvenirs s'agitaient à l'occasion de la demande en nullité d'un testament. Me Barthe plaidait pour les légataires, et Me Dupin aîné devait plaider pour la famille déshéritée. Quelques jours seulement avant l'audience, Me Dupin qui était absent, dut être remplacé. Liouville accepta sans hésitation le dossier qu'on lui offrait, et certes, nul, à l'entendre, ne se fût douté que c'était là un début. Sa plaidoirie nerveuse, élevée, complète, eût fait honneur à un ancien. Liouville, dès le premier jour, était déjà à la barre comme chez lui, et l'on put voir qu'il y prendrait bientôt toutes ses aises.

Bethmont et Liouville ne tardèrent pas à faire de rapides progrès, chacun dans la voie que son début avait tracée, et leurs contemporains d'alors furent les premiers à s'associer à leurs succès. Car c'est là un des côtés précieux de la profession d'avocat, que de voir les réputations naissantes s'élever et grandir par les soins mêmes de la confraternité, — chose rare peut-être dans les autres professions où chacun aussi se presse, se coudoie, parcourant le même chemin, allant au même but, ayant même hâte d'arriver, où le dénigrement vient parfois en aide à la rivalité, et où les succès du passé acceptent si difficilement ceux du présent et de l'avenir. Mais, on peut le dire à l'honneur du Barreau, il n'est pas de carrière dans laquelle le talent ne se trouve à ses débuts encouragé avec plus de sollicitude et désintéressement, où le mérite qui se révèle soit deviné, reconnu avec plus d'empressement et de loyauté, par tous, dans tous les rangs, par les jeunes, les rivaux du jour, comme par les anciens, heureux de rendre à ceux qui les suivent la bienvenue confraternelle qu'ils ont reçue eux-mêmes en arrivant. Si l'on juge sévèrement au Palais les situations trop facilement acquises et qui doivent plus au hasard qu'au talent; si l'on se tient en garde contre les fortunes imméritées, ou qui prétendent se surfaire, le succès que l'avocat doit à un mérite vrai, laborieux, modeste, n'a pas de plus sincères applaudissements qu'au sein de ses confrères, et tous sont fiers de le proclamer, comme s'il y avait là une richesse de plus à ajouter à la richesse du Barreau.

Bethmont et Liouville le savaient bien, et ils se plaisaient souvent à rappeler les encouragements qui les avaient accueillis. Leurs confrères savaient bien aussi qu'ils ne se trompaient pas, quand ils pressentaient que l'un et l'autre, quoique se ressemblant bien peu, auraient un jour leur place marquée dans les premiers rangs.

Bethmont devait être l'avocat de ces causes dans lesquelles le sentiment a plus de place que la procédure, où le fait domine le droit, qui se préparent dans les méditations de la pensée plus que dans l'étude des textes, que l'imagination sert mieux que la dialectique, et qui préfèrent les inspirations du cœur aux conseils de la science. Et comme il excellait dans ces sortes d'affaires ! Quel charme dans son récit ! Avec quel art merveilleux il savait grouper les faits ! Quelle distinction dans la forme et avec quel bonheur d'expressions il se montrait tour à tour, et suivant les besoins de sa cause, simple ou véhément, élégant ou pathétique, spirituel ou touchant ! Ces sortes d'affaires, dans lesquelles la passion a une si large part, offrent souvent un écueil difficile à éviter, et l'esprit le plus inoffensif de sa nature y risque de se montrer, à son insu, agressif et provoquant. Mais c'était là surtout un des côtés par lesquels Bethmont méritait d'être cité comme un modèle : jamais, quelles que fussent les nécessités de la cause, il ne voulait dépasser les limites de la liberté permise au droit de défense : non pas qu'il ne sût, au besoin, accentuer une apostrophe véhémente et aiguiser les traits de l'ironie ; mais l'indignation chez lui n'était pas la colère, son sarcasme n'avait rien d'amer ni de blessant, et même sous la forme parfois un peu hautaine de ses plus mordantes railleries, il y avait encore une réserve discrète et contenue qui était comme l'expression du regret qu'il avait au fond du cœur d'être contraint de frapper.

Ce qu'il fallait aussi admirer dans ses plaidoyers, c'était la méthode, — moins serrée, moins nerveuse que celle de Paillet, le maître en ce genre, — mais qui savait illuminer tous les points de la cause, et résumer avec un ordre saisissant, dans un exposé qui était en même temps une discussion, les faits les plus compliqués, les actes les plus obscurs. Si la nature de Bethmont se plaisait surtout dans les affaires de fait, là où son imagination se sentait plus à l'aise et où il pouvait plus facilement se laisser aller à ses émotions, la rectitude de son esprit et la facilité de son intelligence lui permettaient d'aborder avec une égale supériorité les discussions de droit pur et les problèmes les plus difficiles de la science juridique. Qui ne l'a entendu dans une de ces causes où s'agitait quelque grande question financière, où les chiffres se pressaient dans leurs combinaisons les plus difficiles ?

Avec quelle netteté d'esprit il paraissait se jouer au milieu de
ces arides détails! Là encore — et il y mettait même une certaine
coquetterie — il savait conserver cette distinction, cette pureté
de forme et de langage qu'il aimait par-dessus tout, qui était dans
les instincts et dans les habitudes de sa nature. Le plus souvent,
ses plaidoiries paraissaient n'être que des causeries élégantes,
ingénieuses, spirituelles, auxquelles une certaine familiarité donnait un charme de plus, sans que le bon goût et la dignité de
l'audience en souffrissent jamais. On pouvait bien trouver qu'à
certains moments il semblait s'y trop complaire, comme s'il eût
été lui-même un peu distrait par la séduisante harmonie de sa
parole ; on pouvait bien aussi se demander quelquefois si la puissance du raisonnement ne risquait pas de s'alourdir et de s'énerver au milieu des développements que lui donnait une parole
trop abondante et trop facile. Mais cette richesse un peu exu-
bérante de la forme ne vaut-elle pas mieux que la sécheresse et
l'aridité? et n'était-ce pas encore un précieux défaut que celui
auquel on devait tant de digressions heureuses, tant de mouvements élevés et d'inspirations imprévues? Souvent, d'ailleurs, ces
longueurs apparentes, ces développements que l'on pouvait juger
inutiles, tout en les écoutant avec un grand charme, avaient une
autre cause. L'esprit net et lucide de Bethmont tenait à tout
expliquer ; il ne voulait rien laisser dans l'ombre ou dans le
doute, et si parfois il semblait tourner trop longtemps autour de
sa pensée, c'était pour lui donner par tous les côtés la lumière et
la vie, et il le faisait sans prendre garde qu'il pouvait ainsi en
effacer les reliefs et en amoindrir l'effet.

Pourquoi ne pas le dire aussi, puisque c'était là encore un des
traits particuliers de son talent? Bethmont, qui était avant tout un
grand artiste, se laissait volontiers conduire par cette muse capri-
cieuse et charmante qui s'appelle la fantaisie. Il n'était pas de
ces esprits qui ont toujours à leur service une inspiration banale
et des émotions toutes faites. Il aimait plaider à ses heures, suivant les impressions du moment ; et si la nécessité de l'audience
l'amenait à la barre dans un de ces jours où sa pensée eût préféré

le recueillement au bruit, la rêverie à l'action, il était quelquefois facile de s'en apercevoir dès le début de sa plaidoirie. Il y avait alors dans son attitude, dans sa parole, quelque chose comme l'hésitation et l'indolence d'un réveil trop brusque : il semblait chercher le chemin par lequel il devait s'élancer... Mais bientôt sa pensée se dégageait vive et lumineuse, sa parole retrouvait toutes ces formes, toutes ces ressources dont il avait le secret, et l'inspiration obéissante lui rendait l'éloquence.

Une des dernières affaires qu'ait plaidées Bethmont, avant le coup qui devait l'enlever, a résumé merveilleusement les principaux caractères de son talent, — comme si, avant de partir, il eût voulu léguer son exemple tout entier dans son dernier souvenir. Il plaidait pour une jeune femme qui, après quelques années de mariage, avait découvert que celui dont elle portait le nom était un assassin, forçat libéré : elle demandait la nullité de son mariage pour cause d'erreur sur la personne. Les principes du droit semblaient contraires à la demande : mais, nous l'avons dit, c'était surtout dans les luttes du fait contre l'interprétation littérale des textes, que Bethmont savait s'élever comme avocat à la plus grande hauteur ; et ceux qui l'ont entendu dans cette cause solennelle ont pu voir qu'il avait été rarement mieux inspiré.

Ce ne sont pas là les causes qu'aimait, que recherchait Liouville. Il ne se sentait jamais plus heureux qu'en présence d'un dossier hérissé d'incidents et d'exceptions de toute nature, regorgeant d'actes et de chiffres au milieu desquels il lui fallait, la loi à la main et à travers tous les labyrinthes de la procédure, aller chercher la raison de décider. Il apportait à ce travail une ardeur infatigable et une rare pénétration d'esprit ; aussi était-il dans ces sortes d'affaires l'un des adversaires les plus redoutables que l'on pût rencontrer. Il ne fallait pas espérer le surprendre ni compter avec lui sur un oubli. Il connaissait à fond tous les détours de son dossier : il n'y avait pas un coin qu'il n'eût fouillé, pas un acte qu'il n'eût lu et relu, pas un détail dont le crayon rouge dont il était toujours armé n'eût indiqué l'importance et

la place. C'est à ces qualités solides et sérieuses que Liouville
avait dû de conquérir l'un des emplois les plus considérables du
Palais.

Il ne connaissait, quant à lui, dans l'exercice de sa profession,
ni les intermittences, ni les caprices. Son inspiration était prête
en même temps que son dossier, et son dossier était toujours
prêt. Qu'il lui fallût plaider telle ou telle des nombreuses affaires
qui l'appelaient chaque jour à l'audience, affaire de droit ou affaire
de fait, question de servitude, d'hypothèque, ou de séparation,
peu lui importait ; il se levait avec la même confiance, toujours
sûr de lui, et pouvant le même jour, et à quatre audiences différentes, soutenir, avec le même entrain et la même vaillance, toutes les fatigues de la lutte judiciaire.

Mais il ne fallait pas lui demander l'élégance de la forme, la
recherche et le choix dans le langage : il s'en souciait assez peu.
Chose singulière ! Liouville était un des hommes les plus lettrés
du Palais, et beaucoup plus, assurément, que d'autres mieux
disants et plus académiques. Il avait toujours à côté de ses Codes
un volume de Bossuet, de Pascal ou de Racine, et en regardant
bien quelquefois sous ses dossiers surchargés de notes laborieuses et matinales, on aurait pu voir les fragments d'une pièce de
vers ébauchée la veille et fort élégamment tournée. A l'entendre,
qui s'en fût douté ? Comment, sous cette écorce âpre, inégale,
noueuse, eût-on pu soupçonner cette sève de littérature et de
poésie ? Et l'on se demandait comment concilier avec de telles
études, avec de tels passe-temps, cette forme plus que négligée
souvent dont il se revêtait à l'audience, ce dédain de l'élégance
qui allait parfois jusqu'à maltraiter un peu une langue que pourtant il connaissait si bien ! Était-ce un système, un parti pris ?
Cela se peut. Sa grande affaire, sa seule affaire, — et ses clients
ne s'en plaignaient pas, — c'était de plaider sa cause. *Ante
omnia, ne, quod plerisque accidit, ab utilitate eum causæ præ-
sentis cupido laudis abducat.* Il avait pris pour devise ce précepte
de Quintilien, faisant peu de cas des conseils que donne Pline le
Jeune sur l'art de disposer coquettement les plis de sa toge, et

ce n'est pas lui assurément qui, au Palais, eût mérité le sur-
nom de *Dyonisia*.

Il était de ces soldats qui aiment à combattre en petite tenue.
Les souvenirs du lettré lui eussent pesé, à l'audience, comme un
bagage inutile et embarrassant : il ne voulait se charger que
d'arguments, autant qu'il en pouvait porter. Il eût cru enlever à
la dialectique la place donnée aux préoccupations de la forme. La
trivialité du mot ne l'arrêtait pas s'il croyait y voir une façon
plus prompte et plus saisissante de traduire son argument : et
alors même qu'une noble inspiration, qu'une grande pensée, jail-
lissant de son cœur ou de son esprit, élevait avec elle l'expression
du langage, il la ramenait brusquement à terre, comme s'il eût
craint que sa logique s'égarât dans de trop hautes régions, et que
l'orateur vînt trop longtemps distraire l'avocat. C'était bien là
celui dont parlent les *Institutions Oratoires : Non obequitabil,
nec illis vibrantibus concitatisque sententiis, velut missilibus,
utetur; sed operibus, et cuniculis, et insidiis et occultis artibus
rem geret.*

Cependant — et c'est là encore un des côtés qu'il importe de
signaler dans l'appréciation de sa manière — cette allure négligée que Liouville apportait à l'audience, ce sans-façon de la forme
qu'il mettait dans ses plaidoiries, ne se retrouve plus quand il se
fait écrivain, et l'on voit alors, en lui, des habitudes et des tendances toutes contraires. Qu'on lise, en effet, ses mémoires, ses
consultations, — et le nombre en est considérable : qu'on lise
surtout les quatre discours qu'il a prononcés comme bâtonnier,
et dont la réunion sera l'un des meilleurs traités qui nous resteront sur la profession d'avocat! En étudiant ces pages d'un style
correct, châtié, dont la précision n'exclut pas l'élégance, souvent
empreint d'une rare finesse et même de grâce; on se demande
comment ces qualités, si vives, et qui paraissent si faciles sous
la plume de l'écrivain, pouvaient s'effacer à ce point dans le langage de l'avocat, si, en effet, ainsi que nous le disions plus haut,
ce n'était pas comme une sorte de parti pris de les en écarter.

Il y a dans les arts une école qui, pour s'être donné un nom moderne, n'est pas nouvelle, — c'est l'école réaliste. Elle compte des hommes de beaucoup de talent sans doute, des esprits d'une rare originalité et d'une grande puissance. Eux aussi, ils ont un suprême dédain pour les séductions de la forme ; ils tiennent l'élégance pour un luxe inutile ; l'exagération du vrai leur paraît un relief plus saisissant de la vérité ; et ils oublient peut-être que dans les arts, comme en toutes choses, il y a une condition qui ne s'acquiert pas, il est vrai, et que la nature donne seule, mais qui est le cachet suprême de la perfection, et qu'on appelle le *goût*. Le réalisme aurait-il aussi ses représentants dans l'art de l'éloquence judiciaire ? Si le mot eût alors été inventé, n'eût-on pas pu l'appliquer à Tripier, l'un des esprits les plus vigoureux qui aient marqué leur place au Barreau, — Tripier, dont on peut dire qu'il fut un des maîtres de cette école ?

Il faut y prendre garde, cependant, et ne pas se laisser trop facilement aller à l'imitation par ces côtés des modèles. Permis à ceux que l'étude a nourris de sa précieuse substance, à ceux dont un travail de chaque jour entretient et retrempe les forces, et dont l'esprit s'est mûri au contact incessant de la science ; permis à eux, si c'est la loi de leur talent et de leur nature, de dépasser parfois certaines règles convenues, et de se créer une originalité de plus dans les libertés de leur allure. Or, Liouville était un de ces hommes-là, et ceux qui voudront l'imiter tel qu'il était, et surtout par ses rares qualités, par l'infatigable ardeur de son travail, par la vigueur et l'érudition de son esprit, feront bien de le tenter, s'ils le peuvent. Mais ce serait bien mal comprendre un exemple, que s'y inspirer en le suivant seulement dans ses écarts. Il y a des constitutions chez lesquelles le négligé peut encore avoir un certain caractère d'énergie et d'originalité, quand il laisse entrevoir une riche et vigoureuse nature ; mais il n'en faut pas faire le débraillé de l'impuissance et de la misère. Comme aussi ce serait tomber dans un excès contraire, que de croire suppléer à tout par le luxe apparent de la forme et par les vaines broderies d'une élégance stérile.

Heureux, s'il en est d'assez bien doués pour cela, qui, s'inspi-

rant de ces deux modèles dont nous avons cherché à esquisser les
traits, pourront emprunter à l'un et à l'autre le cachet particulier
de son talent; — à celui-là les élans de son imagination, les ressources infinies de son esprit, les battements de son cœur si plein
d'émotions et de délicatesse, et ce charme sympathique qui le
rendait si puissant; — à celui-ci, son ardeur pour la science, sa
connaissance approfondie du droit, sa dialectique nerveuse et
puissante; — à tous deux, la loyauté de leur caractère, la sûreté
de leur commerce, leur dévouement aux intérêts et aux devoirs
de la profession!

Après avoir essayé de dire ce qu'ils étaient comme avocats,
faut-il rappeler les titres qu'ils ont eus à l'affection de tous comme
confrères, comme amis? Ceux qui les ont connus le savent, et que
dirait-on de plus? D'ailleurs, il nous a toujours paru que ces
sympathies de la vie intime, qui sont les épanchements légitimes
de la douleur dans le suprême adieu des affections brisées par la
mort, se trouvaient mal à l'aise dans les détails de l'analyse et
qu'elles n'appartenaient pas au domaine des appréciations de la
presse. Ce sont là des sentiments qui ont aussi leur pudeur. Les
anciens en faisaient leurs dieux domestiques : il faut les laisser,
comme de pieux souvenirs, au cœur de ceux qui savent ne pas
oublier.

ARTICLE DE Me MARIE

ANCIEN BATONNIER DE L'ORDRE DES AVOCATS

(Le Droit du 27 Juin 1860.)

Quelle forte et énergique nature que celle de Liouville ! ardente au travail, ardente à la lutte, ardente à tout, excepté au plaisir, qui n'a été pour elle qu'une rare exception dans une carrière de près de quarante années.

Comme elle est à l'aise sous ce joug de fer qui écraserait vingt autres existences, et qu'elle porte comme une parure ! Quel sans-façon, quel sans-souci sous le poids de tant de travaux dont le nombre ne se compte pas, dont la variété serait le chaos, si elle n'était pas, elle, la lumière qui sépare, organise et vivifie !

Quatre heures sonnent au réveil-matin de son intelligence, Liouville se lève. Le soleil l'a-t-il devancé ? tant mieux ! il saluera ses dossiers à la clarté de ses premiers rayons. Est-il encore sous l'horizon ? qu'importe ! il y a des paresseux, et j'en connais qui, pour ouvrir les yeux, attendent ce signal du maître du monde. Lui n'attend personne, pas même le maître du monde.

Le voilà debout. Vingt dossiers, vingt amis, courtisans de son petit-lever, font cercle autour de lui. Quel est celui qui recevra son premier regard, j'ai presque dit son premier sourire ? Qu'importe encore ! est-ce qu'il n'a pas, pour chacun d'eux, aussitôt que sa conscience les a jugés, le même amour ? est-ce qu'il a des préférences ? est-ce qu'il choisit ? est-ce que dans les choses du devoir il s'est jamais dit : Je favoriserai celles-ci, je négligerai celles-là ? Non, il les accueillera tous également. A tous il donnera également ses veilles, ses méditations, ses ardeurs, et quand l'heure de l'audience sonnera, ses adversaires sentiront bien, à ses coups, qu'en effet il a été tout à tous, et qu'on ne prend pas en défaut un tel athlète.

L'audience ! c'était pour Liouville le temple du plaisir ; il l'aimait avec passion. Il s'y délassait en promenant de chambre en chambre, sa pensée toujours active, sa parole toujours prête. On le voyait par intervalles, traverser, en courant, la salle des Pas-Perdus ; mais, soit que ce nom effrayât son activité, soit qu'il eût peu de goût pour les conversations inutiles, il ne s'y arrêtait jamais. Même dans les longues journées d'hiver, les causeries spirituellement vagabondes du coin du feu de la bibliothèque ne l'auraient pas retenu une seconde s'il n'y avait trouvé l'occasion qu'il recherchait volontiers d'ailleurs, de serrer la main d'un ami ou de glisser à l'oreille d'un jeune stagiaire quelques paroles d'encouragement et d'espérance.

Cinq heures, six heures quelquefois s'écoulaient ainsi, après quoi il revenait lentement au logis, fatigué de ses combats du jour ? Non pas. Quand il avait beaucoup plaidé, sa figure était rayonnante, animée, pleine de santé et de joie. Il n'en était plus ainsi quand il avait perdu sa journée. Est-ce que tu souffres ? lui demandait un jour son fils en le voyant rentrer triste et les traits du visage un peu altérés ; tu as trop plaidé sans doute ? — Eh ! non, répondit-il d'un air presque piqué ; je n'ai presque rien plaidé.... Le repos l'avait fatigué.

Quand donc se reposait-il ? Jamais. Lorsque la parole avait accompli son œuvre, il prenait la plume. Alors notes, résumés, mémoires, imprimés, succédaient aux plaidoiries. Défiez-vous, dit-on au palais, d'un confrère qui n'a qu'un dossier. A voir Liouville livrer ainsi, sur le même terrain, batailles sur batailles, en avant, en arrière, en tête, en queue, en flanc, hier, aujourd'hui, demain, toujours, on aurait pu croire, vraiment, qu'il était ce confrère à dossier unique, et pourtant !...

Telle a été, pendant près de quarante années, la vie normale de Liouville.

Certes ! pour mener une telle vie, et comme il l'a menée, il fallait une grande force physique : il l'avait ; une puissante et belle intelligence : le ciel l'en avait doté ; une volonté infatigable et une énergie de travail à toute épreuve : toutes ces rares qualités vivaient en lui et à un degré éminent.

Habile et profond dans l'analyse, il s'entendait à merveille, selon l'expression du palais, à dépouiller un dossier. Aucun détail, en effet, n'échappait à son esprit investigateur. Il notait tout, il classait tout selon les lois bien étudiées et savamment ordonnées de la chronologie, de la logique et de la dialectique. Vienne l'heure du combat, il est prêt, lui aussi, et armé aussi à sa manière. Devait-il attaquer ? point d'embarras pour lui, point d'hésitation. Il connaissait bien le terrain sur lequel il devait s'engager, le plan qu'il voulait suivre et auquel il restait invariablement fidèle ; il avait tout prévu, tout, jusqu'aux accidents qui pouvaient arrêter ou contrarier sa marche.

Devait-il être attaqué au contraire ? il avait d'avance discuté dans son esprit, deviné, dans sa vigilance la stratégie de son adversaire. Je ne suis pas bien certain même que, pour plus de sûreté, il ne se fût pas d'abord, et dans le secret de son cabinet, battu contre lui-même. Aussi était-il rarement surpris ; et si cela lui arrivait par aventure, il ne le laissait pas voir, et retrouvait bien vite, après quelques hésitations à peine saisissables, son ordre de combat. Alors il poussait droit et ferme.

C'était un jeune soldat de la vieille école ; aimant les batailles rangées, la tactique qui les dispose, les organise et les couronne. Aussi prenait-il son temps. Il marchait lentement, mais il marchait toujours. Point de tirailleurs pour engager la lutte ; point ou peu de troupes légères pour frapper un coup inattendu, dût-il être décisif et assurer les fruits de la victoire ; point de ces charges à la baïonnette qui surprennent, étourdissent, culbutent, triomphent avant que le général ait eu seulement le temps de donner un ordre. Non, rien de tout cela ; mais des bataillons d'arguments serrés, solides, emboîtant bien le pas ; des manœuvres brillantes, même dans leurs lenteurs ; des coups comme en savaient donner les pesantes épées des chevaliers de fer d'autrefois ; voilà par quels exploits se distinguait Liouville,

et nous pouvons en rendre témoignage, nous tous qui avons eu
à lutter contre lui. « Allez-donc, lui disait un jour un premier
président ; allez-donc, Liouville ; vous trottez sous vous. » Cela
lui arrivait quelquefois, mais il n'en avait que mieux l'œil à la
bataille, ne négligeait rien, et triomphait en trottant aussi bien
qu'un autre au galop.

Les anciens du palais, ceux qui avaient pu être les derniers
témoins de ces grands jours d'audience où la justice, moins
pressée ou plus patiente qu'elle ne l'est aujourd'hui, laissait au
barreau le temps de raisonner et même d'intéresser et de plaire,
les anciens aimaient cette méthode aux allures savantes, et ils
avaient raison. Les praticiens en faisaient honneur aux longues
années que Liouville avait consacrées à la cléricature : les praticiens avaient tort, et je ne puis pas accepter leur jugement. La
pratique a ses avantages sans doute. Elle peut, à certains égards,
compléter un homme ; elle ne le fait pas. Elle n'a pas fait l'a-
vocat célèbre sur lequel, en ce moment, je rappelle les souvenirs
et les regrets du barreau.

Avant d'aborder les études d'avoués, l'intelligence de Liouville, déjà forte par elle même, s'était enrichie, fortifiée encore
au contact des épreuves universitaires. A la fin de cette première
marche de l'homme vers son avenir intellectuel et moral, Liouville avait rencontré la philosophie, et celle-ci lui avait enseigné
que le secret de toute science est dans la méthode ; que la méthode seule peut instruire, éclairer, convaincre. Plus tard, le
droit, ses textes, ses théories, ses puissantes analyses, ses ma-
gnifiques synthèses lui montrèrent la route à suivre pour accomplir, avec conscience et avec grandeur, la mission que l'avocat
tient de la justice. Et puis, il aimait les lettres, et les lettres l'aimaient ; on le voyait même, sous ces négligences, ou si l'on
veut, sous ces hardiesses de parole, dont l'originalité, souvent
hasardée, effrayait quelquefois le bon goût.

Voilà à quelles sources élevées et profondes Liouville était
allé chercher et avait trouvé les principes de sa force, les véri-
tables éléments des succès qui ont honoré sa carrière. A ces

causes, les grands et beaux côtés de son talent; à son temps de cléricature trop prolongé, ces allures un peu abandonnées, ces excentricités de langage qui auraient pu enlever à l'avocat une partie de l'autorité à laquelle sa vie tout entière lui donnait droit, si des qualités supérieures n'avaient racheté ces petites misères.

L'analyse est une grande puissance dans tous les travaux de l'intelligence; mais Liouville, qu'on me permette de le dire, la tenait en trop grand honneur. Sa passion des détails, ses divisions, ses subdivisions infinies nuisaient à l'unité de ses discours et en affaiblissaient singulièrement l'énergie. Ses travaux de cabinet, qu'il aurait dû garder pour le cabinet, il les reproduisait à l'audience avec une fidélité trop scrupuleuse. Cela tenait peut-être à ce qu'il n'avait pas le temps ou ne voulait pas se donner la peine de concentrer par la méditation les éléments qu'une analyse détaillée à l'excès lui avaient donnés.

Au reste, et à part ces petites critiques que la réflexion relève, que de richesses restent à l'orateur! comme, en les contemplant, on comprend bien la juste célébrité qui s'est attachée au nom de celui qui les a produites! combien son caractère et aussi ses manières savaient les rendre aimables et précieuses!

Liouville a été frappé dans sa force. Il est mort non d'un de ces coups de foudre, qui, pour de braves lutteurs, sont encore une victoire, mais de nombreuses blessures reçues d'un visage ferme et qu'il n'avait jamais comptées.

Ce qui le désolait le plus au milieu de ses longues souffrances, ce n'étaient pas les douleurs qu'elles lui causaient; ce n'était pas l'idée de la mort: cette idée, il pouvait la regarder en face. D'ailleurs, Dieu a mis à côté de la maladie de langueur qui tue à coup sûr, l'illusion qui aveugle, l'espérance qui console, et ces deux divinités bienfaisantes siégeaient constamment à son chevet. J'en dirais plus, si je ne voulais respecter encore les secrets de la famille.

Ce qui le désolait donc le plus, c'était le repos, c'était le silence. Le cabinet désert, l'audience fermée, l'avocat était mort, l'homme n'existait plus.

ARTICLE DE M^E ACHILLE GOURNOT

AVOCAT

(Journal des Débats du 3 Juillet.)

Il y a quelques semaines, s'éteignait prématurément, à la suite d'une lente et cruelle maladie, une vie toute pleine de travail et d'honneur. M. Félix Liouville appartenait à ces générations d'hommes qu'avaient formés les années de la restauration et du dernier règne, et qui, avec tant de vivacité d'esprit et des talents infiniment divers, ont jeté sur le barreau français un si grand éclat. Né en 1803, à Lille, où son père tenait garnison, il était entré au palais en 1827, s'y était frayé promptement un chemin, et depuis 1840 faisait partie du conseil de l'ordre. Nommé bâtonnier en 1857 et 1858, il épuisa dans ces deux années le reste de ses forces; au sortir même de ces honneurs, l'unique ambition qu'il ait montrée dans sa vie, il ressentit les premières atteintes du mal qui devait l'emporter, et fut contraint de quitter le palais où il ne devait plus reparaître.

Dans notre siècle tourmenté, l'existence de la plupart des hommes qui vivent d'intelligence et de pensée ne brille guère par l'unité. Les mille bruits confus venus du dehors l'assiégent; les mille aspects de la vie moderne la dissipent, et plus d'un se trouble et chancelle devant les chemins de toute sorte ouverts à l'ambition. En cela, la carrière de Liouville fut une remarquable exception. Il appartint tout entier et exclusivement au barreau.

Ce n'est pas, certes, qu'il fût oublieux du reste des choses, et qu'il restât froid aux mouvements qui agitaient son pays : son cœur était trop jeune et trop généreux pour avoir le secret de ces détachements fort recommandés de nos jours. D'ailleurs, ce même amour pour son art, son zèle ardent pour les choses de la justice lui auraient défendu une semblable indifférence. Il pensait avec Voltaire que l'éloquence de l'avocat perd de moitié quand elle n'est pas vivifiée et nourrie par le souffle d'une parole libre venue de plus haut; et il n'était pas homme à se méprendre sur le lien indissoluble qui rattache la garantie du droit privé des citoyens aux garanties du droit public, estimant, ce dont le gros du monde ne s'embarrasse guère, combien l'appareil de la justice recevrait une mortelle atteinte dans un pays où les institutions politiques viendraient à déchoir.

Mais jamais ses sentiments ne furent faits pour aider et servir à sa fortune. Dans des temps où l'occasion se fût offerte à lui complaisante et honorable, il vit, sans les suivre et sans les envier, ses amis lancés dans la carrière. Un seul jour il se laissa faire, fut porté comme candidat aux élections du Corps législatif; encore était-ce à un moment où, croyant sa voix, hélas! seule épuisée, il fallait abandonner les luttes incessantes du barreau.

En dehors de ce court intervalle, toute cette ardeur, tout ce feu fut renfermé dans le labeur d'une profession, sa passion dominante. C'est pour cette passion que l'étude, l'étude aride, s'il en était une telle pour qui l'embrasse comme Liouville, consuma toutes ses heures et usa ses jours qu'elle avait trop remplis. Dans ses derniers moments, il caressait encore ces mêmes préoccupations, reportant sa pensée et son espoir sur les jeunes gens qui devaient venir après lui, et laissant pour eux, dans une série de discours et d'écrits, des modèles, des conseils et des encouragements. Il voulait faire plus : il parlait de fonder un nouveau prix annuel qui leur fût destiné. La mort l'a surpris dans ce dessein; mais son vœu, recueilli sur ses lèvres par ses enfants, est devenu un legs confirmé par eux et accepté par le Conseil de l'Ordre. Puissent de tels exemples et de pareils soins porter leurs fruits, et soutenir une compagnie que ces dernières années ont dépouillée de tant de noms brillants et honorés!

EXTRAIT DU DISCOURS DE Mᵉ JULES FAVRE

Bâtonnier de l'Ordre des Avocats.

DISCOURS DE RENTRÉE DU 3 DÉCEMBRE 1860.

Dans une même semaine, deux de nos confrères les plus considérables, deux anciens bâtonniers, et tous ceux qui les ont approchés pourront dire deux amis, nous étaient enlevés dans la force de l'âge, quand il semblait que de nombreuses et fécondes années leur fussent encore réservées. Frappés l'un et l'autre dans des conditions différentes, l'un par une catastrophe soudaine, l'autre par une lente désorganisation, ils mouraient comme deux sages, nous laissant à la fois consternés par leur perte, édifiés par leur vertu, et prenant place dans l'histoire de notre Ordre parmi les plus illustres dont la vie fut sans tache, dont la mémoire est une pure et complète leçon.

Bethmont et Liouville ! Votre vie a commencé et fini à quelques jours de distance ; elle s'est écoulée ici, dans les travaux et les devoirs de notre profession sur laquelle vous avez jeté tant d'éclat. Vous avez été notre orgueil et notre joie. Vous nous avez ardemment aimés. Nos cœurs vous cherchent et vous appellent encore ; ils seront l'asile sacré où, jusqu'à ce qu'ils aient cessé de battre, votre souvenir recevra un culte pieux. Aujourd'hui, souffrez qu'échappant au recueillement de mes regrets, pour l'instruction de cette jeunesse que vous ne pouvez plus charmer ni guider, j'essaie, non de vous louer, mais de dire simplement ce que vous étiez, afin que nous apprenions tous ce que nous devons être !

. . . .

. . . . . . Ces vérités salutaires (*puisées dans la vie de*

Bethmont) ne ressortent pas avec moins d'éclat des exemples laissés par notre cher Liouville. Vous pouvez le suivre du commencement à la fin de sa laborieuse carrière, et vous le trouverez toujours digne de vous servir de modèle par son infatigable ardeur au travail, sa scrupuleuse délicatesse, son amour enthousiaste de sa profession.

Né à Lille, le 31 décembre 1803, il se fit remarquer de bonne heure par des dispositions peu ordinaires. Après de brillantes études, il fit son droit à Paris, et fut, en 1825, l'un des cinq docteurs reçus par la Faculté. Il n'avait alors que vingt et un ans, et il faisait marcher de front la préparation à ses examens et les travaux de la cléricature. En même temps, il était inscrit au stage. Il avait cru possible de concilier tous ses devoirs; son zèle y eût suffi, mais nos règles s'y opposaient.

Vous connaissez tous l'incident qui révéla leur infraction. Liouville était maître-clerc chez M. Oger, avoué de première instance, auquel il n'a cessé de témoigner les sentiments de la plus respectueuse amitié; Me Dupin l'aîné, chargé d'un grave et difficile procès de l'étude, est tout à coup forcé de partir. Le client va demeurer sans défenseur. Le temps pressait. Liouville cède aux instances de son patron et paraît à la barre à la place de l'illustre avocat que les juges attendaient. Le Palais tout entier applaudit à sa plaidoirie; mais le Conseil s'en émut. Le prix de ce premier triomphe fut la perte de son stage, qu'il aima mieux sacrifier que d'abandonner M. Oger, comme on le lui avait offert.

Cependant cette épreuve ne devait être que passagère. Liouville n'avait d'autre ambition que d'être avocat, et il n'avait donné cinq années de sa jeunesse à la procédure que pour aborder la barre couvert d'une solide armure. On l'a pu deviner à ses premiers coups, et les praticiens, en l'entendant, comprirent que les affaires avaient en lui un interprète consommé qui saurait ne rester au-dessous d'aucune difficulté.

C'est qu'en effet son esprit vigoureux, méthodique et sain, était merveilleusement apte aux discussions juridiques. Il saisis-

sait la vérité avec une sagacité rapide et sûre et savait prévoir à
l'avance les obstacles que sa manifestation devait rencontrer.

C'était un homme d'affaires dans le sens le plus élevé du mot.
Les ignorans seuls peuvent considérer cette dénomination comme
un amoindrissement de l'avocat; elle en est à vrai dire le plus
bel éloge. L'homme d'affaires tel que je le comprends, tel que
l'était Liouville, est celui qui, sans hésitation, devine la raison
d'être d'une contestation. Ecartant d'une main expérimentée
les détails accessoires, il touche et fait sentir le point décisif, il
montre le piége, indique le remède, et conduit au milieu du
dédale des procédures et des actes le fil lumineux qui permet
de ne jamais s'égarer. Faut-il protéger un droit menacé, il choisit
les moyens qui convaincront le mieux les juges. S'agit-il de ré-
gler une situation compliquée, d'asseoir des garanties, d'éviter
des procès, il trace la route, éclaire les écueils, défend la bonne
foi, décourage la ruse. Enfin, à l'audience comme dans le cabinet, il est le Droit en action, et l'autorité légitime qu'il inspire
n'est que la naturelle consécration des services de tous les instants que les magistrats et les justiciables reçoivent de lui.

Liouville possédait au plus haut degré ces qualités précieuses.
Il les fécondait incessamment par un travail opiniâtre, par des
études chaque jour renouvelées, par les inspirations d'une âme
généreuse et pure. Sa vie a été un holocauste au devoir. Nul ne
s'en fit une idée plus austère, nul n'y dépensa plus d'efforts. Ses
préparations étaient toujours minutieuses et complètes, et souvent il y ajoutait des publications qui en étaient le résumé. On
est épouvanté, en considérant l'immensité du labeur qu'il a accompli. Surchargé et constamment prêt, maître de ses causes
dont aucune particularité ne lui était étrangère, abordant réso-
lûment son argumentation, renversant par la puissance de sa
logique les obstacles qui lui étaient opposés, il était à la barre
le bon sens, l'honnêteté, la science légale. Sa parole incisive
frappait juste et ferme, et l'on sentait en l'entendant que, n'ou-
bliant ni ne hasardant rien, il était pour le juge un guide aussi
sûr qu'il avait été pour le client un utile conseil.

J'ai toujours admiré combien légèrement il portait ce far-
deau, sous le poids duquel tout autre aurait succombé. Bien que
le plus occupé d'entre nous, il avait l'art de se créer des loisirs
qu'il consacrait aux lettres. Il était attiré vers elles par un goût
éclairé et délicat. Il connaissait à fond le dix-huitième siècle, dont
les libres tendances allaient à sa nature indépendante. Il n'avait
cependant pas négligé les autres. Il savait presque par cœur
Molière et Racine, et citait fort à propos Horace et Virgile.
Mais c'était seulement dans l'intimité qu'il s'abandonnait ainsi ;
à l'audience, il sacrifiait ses charmants souvenirs aux sévères
nécessités de la dialectique, et nul ne pouvait deviner son culte
secret pour la poésie.

A ses amis il a été donné de lire des vers signés de lui, et que
plus d'un écrivain en renom n'aurait pas désavoués. D'autres ont
pu priser la rare finesse de ses avis en matière littéraire. C'est
que, sous une écorce un peu rude, il cachait une âme toute pé-
nétrée de nobles sentiments, un cœur affectueux, tendre, dévoué.
Vous le savez mieux que je ne le puis dire, vous tous auxquels il
a tendu une main secourable ; si divulguer un bienfait n'était
pas le profaner, vous raconteriez son ingénieuse délicatesse, son
respect pour le faible, et la vigilante sollicitude avec laquelle il
allait au-devant du malheur. Aussi, nul avocat n'a été plus aimé
de ses confrères et ne les a plus sincèrement aimés. Le Barreau
était sa famille. Il lui avait donné toutes ses affections, et, s'il en
gardait à ses dignes enfants la part la plus excellente, c'était
pour puiser dans ces pures et profondes satisfactions une plus
énergique aptitude à remplir les sévères devoirs de sa profession.

Le bâtonnat était la couronne méritée d'une si vaillante existence. Il le désirait avec la sainte et naïve ardeur de celui qui
sent tout le bien qu'il peut faire. Déjà depuis seize années membre du Conseil, il avait conquis une vaste clientèle. Le nombre
et la variété de ses affaires avaient mis sa valeur en relief. On
peut rappeler ce grand débat de la rive gauche, dans lequel il
eut l'honneur de lutter contre Bethmont ; le procès Servient,

plaidé par lui à la Cour d'assises de Rouen, l'une de ses rares causes criminelles, et pour laquelle il déploya une sensibilité profonde et une véritable éloquence ; une quantité considérable de procès de contrefaçon, qu'il traitait avec une science achevée et une véritable lucidité. Les avoués eux-mêmes le consultaient dans les cas difficiles. Cette autorité si bien établie, et que rehaussait son généreux désintéressement, le désignait comme notre chef. Le Palais tout entier l'acclamait ; et cependant, Bethmont nous étant brusquement revenu par suite d'événements politiques fort imprévus, Liouville s'effaça devant lui. Ce sacrifice de ses plus chères espérances fut d'autant plus grand qu'il mettait un pieux orgueil à faire rayonner la dignité à laquelle il aspirait sur le front vénérable de son vieux père.

La modestie et la confraternité l'emportèrent, et je rapporte ce trait si honorable de sa vie comme un enseignement pour nous tous, comme une preuve nouvelle de la noblesse de cette âme dont l'abnégation et l'amour du devoir étaient la vraie substance.

Enfin, au mois d'août 1856, il fut placé à la tête de l'Ordre. Vous avez tous présent à la mémoire le discours par lequel il inaugura la reprise des Conférences. Liouville y respire tout entier ; c'est bien son amour exclusif pour notre chère profession, sa mâle indépendance, son esprit d'ordre, de discipline et de logique, son soin minutieux à tout prévoir, son désir ardent de maintenir les traditions, la dignité, l'éclat du barreau. En parlant de Paillet et de sa fin glorieuse, il sut trouver des accents élevés et pathétiques dont l'effet fut immense. Ce n'était là pour lui qu'un programme. Son œuvre, ce fut son enseignement quotidien, son zèle infatigable, son dévouement de toutes les heures à nos intérêts.

Hélas ! il y a épuisé sa vie. C'est dans ces travaux excessifs qu'il a contracté le germe de la maladie terrible qui a miné lentement sa puissante organisation. Martyr volontaire, il s'est immolé au culte de cette profession pour laquelle il croyait n'avoir jamais assez fait. Déjà la souffrance avait brisé le lien qui l'unissait à la barre et le condamnait à cette mort anticipée qu'on appelle le repos, toutes ses préoccupations nous appartenaient encore.

En Italie, où les médecins l'avaient exilé, il recevait les hommages des avocats, et, prenant la plume pour défendre les droits d'un compatriote menacé par l'arbitraire d'un pouvoir heureusement disparu, il répondait ainsi à des invectives contenues dans un écrit ministériel : « L'auteur des observations ne sait pas encore que l'insulte et la calomnie ne sont qu'un aveu d'impuissance. Il ignore que, lorsqu'un avocat, digne de ce nom, a embrassé une juste cause, l'intimidation n'arrive pas jusqu'à son cœur ; enfin il lui reste à comprendre que cet avocat succombât-il, d'autres prendraient sa place immédiatement, parce qu'il en est de ces courageux défenseurs du droit et de la vérité comme du rameau d'or toujours renaissant qu'a chanté le poëte immortel dont Naples garde le tombeau. » Jusqu'au dernier jour, il a songé à nous. Ses mains affaiblies ont corrigé les trois discours dans lesquels, sans en omettre aucun, il a tracé le lumineux tableau de nos droits et de nos devoirs. Pour leur exposé fidèle, il n'avait qu'à se souvenir de ce qu'il avait été !

Ces écrits, que nous ne saurions assez méditer, forment son véritable testament ; il y a déposé son cœur, et cependant ni lui ni Bethmont ne se sont crus quittes envers l'Ordre par de si éminents services et un si rare dévouement. L'un et l'autre, suivant l'exemple de Paillet, nous ont fait un legs de 10,000 francs dont le revenu doit être employé à un prix décerné au plus digne des stagiaires. Ces prix, qui conserveront chacun leur spécialité, perpétueront leur mémoire et deviendront pour ceux qui viendront après nous le plus puissant des encouragements à imiter leurs vertus ! Pour nous, leurs contemporains et leurs amis, nous n'avions pas besoin de ce touchant témoignage de leur inaltérable attachement La mort a pu nous les ravir ; elle ne nous a pas séparés. Si nous ne pouvons plus serrer leurs loyales mains, nous n'en sommes pas moins avec eux, et nous leur demeurerons fidèles jusqu'à la fin.

Nous les retrouvons parmi vous, mes jeunes et chers confrères,

où Bethmont et Liouville ont laissé des fils qu'ils ont trop aimés
pour qu'ils ne soient pas dignes d'eux. Leur image est si avant
dans nos cœurs ; nous sommes si pleins de leurs exemples, si fiers
de leur renommée, que nous continuerons leur vie en prolon-
geant la nôtre. Non, vous ne vous éloignerez pas, douces et
chères ombres ; vous serez toujours l'âme de nos travaux, le
souffle de notre inspiration, notre force comme notre gloire.
Vous serez associés à nos épreuves, et si jamais Dieu récompense nos efforts par le succès, c'est à vous que notre amitié en
reportera l'honneur !

DE Mᵉ F. ÉLIE DE BEAUMONT

AVOCAT

DISCOURS DE RENTRÉE DE LA CONFERENCE PAILLET.

La mort de M. le bâtonnier Liouville, dont on nous retraçait si éloquemment, il y a quelques jours, le talent et les vertus, a été pour la *Conférence Paillet* un véritable deuil. Amis du fils, nous avions trouvé dans le père un protecteur et un appui. C'est par son inspiration que nous avions placé nos études sous le glorieux patronage de Paillet; c'est par sa bienveillante intervention, qu'exilés des salles du tribunal, la bibliothèque des avocats nous ouvrit ses portes hospitalières. Plus d'une fois, il nous a donné des marques non équivoques de son intérêt, et nous serions ingrats, Messieurs, si nous ne consignions ici le public témoignage de nos unanimes regrets!

Honorons sa mémoire; essayons d'imiter son exemple, de suivre les conseils que son expérience nous a légués, et dont quelques-uns de nos jeunes confrères formés à son école savent déjà si bien profiter. Travaillons sérieusement; les yeux fixés sur le but que nous voulons atteindre; conservons entre nous cette confraternité qui grandit par la communauté du travail et des sympathies. Et si parfois nous sentons quelques découragements et quelques défaillances, rappelons-nous le souvenir de ces hommes dont la vie fut entourée de la considération publique, dont la mort fut un deuil pour tous, et dont l'exemple est comme un phare lumineux qui doit guider ceux qui les suivent dans le chemin du devoir, du talent et de la vertu.

ARTICLE DE Me CARRABY

AVOCAT

(Opinion nationale du 29 décembre 1860)

<hr>

CAUSERIE JUDICIAIRE

<hr>

Le jour où Me Jules Favre a prononcé son discours, le buste d'un des anciens bâtonniers, de Me Liouville, a été inauguré dans la salle des Conférences. Il a été offert à l'Ordre des avocats par ses fils, dont l'un est appelé à prendre au Palais la succession paternelle, et dont l'autre semble devoir continuer, dans la science, l'éclat de son nom. Le buste de Liouville a été posé entre ceux de Paillet et de Philippe Dupin.

Leur image rappelle à leurs successeurs les grandes traditions dont ils furent les fermes soutiens.

Liouville, Paillet, Philippe Dupin représentent trois natures d'esprit, trois éloquences, trois systèmes de plaidoirie.

Liouville restera au Barreau comme un type de ce que peuvent la volonté, le travail et l'intelligence. Lord Chesterfield faisait continuellement cette recommandation à son fils : « Levez-vous à quatre heures du matin, et vous marquerez dans votre époque. » Son fils suivit le conseil, et il devint un des hommes les plus éminents de l'Angleterre, à une époque où les esprits distingués, cependant, n'étaient pas rares.

Le royaume de ce monde appartient à ceux qui se lèvent avant le jour! Loin des agitations de la vie parisienne, Liouville a mené constamment la même existence ; tel il fut il y a vingt ans, tel il fut il y a dix ans, tel il fut jusqu'au jour où une cruelle maladie l'éloigna du Palais.

A quatre heures du matin, il allumait sa bougie, se mettait au travail. Il passait sa journée allant d'audience en audience, rentrait chez lui, recevait ses clients. A huit heures du soir, il sommeillait.

Par son existence comme par sa parole, Philippe Dupin contraste avec Liouville. Philippe Dupin allait beaucoup dans le monde, sa nature ardente avait sans cesse besoin d'un aliment; il se reposait du plaisir dans le travail, du travail dans le plaisir.

Liouville aimait le calme en quelque sorte monacal de sa maison. Il puisait ses plus douces émotions au sein de sa jeune et charmante famille. Il ne recevait que le samedi à sa table; il conviait quelques confrères, les traitait avec une large hospitalité, mais sans aucune cérémonie. L'invitation ne se faisait point par cartes officielles Liouville rencontrait un ami : Qu'est-ce que tu fais samedi? Tu ne fais rien? Viens dîner. C'était ainsi, sans plus de formes, qu'il recrutait ses amis.

Liouville avait été longtemps clerc d'avoué. Devenu plus tard bâtonnier, il recommandait aux jeunes gens d'aller étudier la procédure. Il aurait pu dire, s'il eût été moins modeste : Vous voyez, la procédure peut mener à être bâtonnier. Homme d'affaires, esprit pratique, il ne voyait dans le talent de l'avocat que le moyen de gagner loyalement ses procès. Peu lui importait la forme. Parfois il ne dédaignait pas certaines incorrections, quand il pensait, au prix d'un barbarisme ou d'un écart aux lois du bon goût. donner plus de relief à son idée.

Le buste de Liouville est une œuvre remarquable signée par un de nos plus célèbres statuaires, M. Etex.

La peinture et la sculpture. sauf dans les bustes de Paillet et de Liouville, sont assez pauvrement représentées au Palais. L'image des hommes illustres est utile pour exciter l'émulation, pour nourrir dans les cœurs le goût de la gloire.

EXTRAIT DU DISCOURS DE M. SAPEY

SUBSTITUT DU PROCUREUR GÉNÉRAL

AUDIENCE DE RENTRÉE DE LA COUR D'APPEL DE PARIS

(Du 3 novembre 1860).

..... Pendant que la Cour conduisait les funérailles de si dignes collègues, le Barreau faisait aussi des pertes douloureuses : deux anciens bâtonniers de l'Ordre, M. Bethmont et M. Liouville, tous deux frappés avant l'âge, descendaient presque ensemble au tombeau.

M. Liouville avait, par son expérience, par sa science du droit, par une dialectique puissante, conquis une grande place dans le monde des affaires et du Palais. Ses habitudes laborieuses peuvent être données en exemple. Bâtonnier, il s'occupa de la jeunesse du Stage avec une sollicitude digne d'éloges, et, quelques mois avant sa mort, d'une plume défaillante, il traçait encore pour ses jeunes confrères des conseils inspirés par son zèle :

« *Notus in fratres animi paterni.* »

ARTICLE DE Mᶜ C. BALLOT

AVOCAT

(EXTRAIT DU JOURNAL *LE SIÈCLE*)

Le deuil succède au deuil, comme le disait hier notre cher directeur; la mort frappe sans relâche dans notre cher barreau. L'inexorable destin choisit les plus grands, comme pour rendre ses coups plus terribles. Nous pleurons encore Bethmont; c'est Liouville aujourd'hui qu'il faut pleurer; Liouville, ancien bâtonnier comme Bethmont; Liouville, comme Bethmont, grand par le talent et par le caractère; Liouville, voué comme Bethmont à la cause de la démocratie, tous deux ayant tenu haut et ferme la bannière du barreau et de la liberté.

Enfant du travail, Liouville tombe victime du travail, son honneur et sa gloire. De lui, plus que d'aucun autre peut-être on peut dire qu'il est mort à la peine.

Il avait l'amour de sa profession; il lui avait voué toutes les forces de son esprit et de son cœur. Dès son entrée au palais, il y avait eu des succès brillants et rapides; et tandis qu'à côté de lui marchait dans la même voie du travail son noble frère qui devait devenir un des hommes les plus éminents dans les sciences, lui se préparait à illustrer le nom paternel dans le domaine de la justice.

Pendant plus de trente années, plusieurs générations d'entre nous l'ont vu s'avancer dans la carrière, toujours prêt à la lutte, toujours sur la brèche, défendant devant la justice d'innombrables intérêts, étonnant juges, confrères et justiciables par sa merveilleuse ponctualité, en même temps que par la solidité et la vigueur de ses plaidoiries. Jurisconsulte éminent, homme d'affaires consommé, il avait conquis à juste titre cette confiance et cette autorité qui sont l'apanage du vrai talent. Logicien serré, orateur plus soucieux d'arguments que de forme, raisonneur plein de verve, tranchant, positif jusqu'à la trivialité, éclatant de lumière à force de terre à terre, si l'on peut ainsi parler, il avait marqué sa place au coin d'une véritable originalité.

Nous aimons à nous rappeler les nombreuses occasions où, comme adversaire ou comme auditeur, nous avons vu se déployer ces remarquables facultés de sa nature. Elles brillaient surtout lorsqu'après un long débat, où toutes les argumentations s'é-taient produites, il voyait la conviction du juge encore hésitante, incertaine. Rassemblant à ces moments tout ce qu'il avait de puissance de logique, saisissant le point par lequel il fallait en-trer dans la place et faisant appel à sa verve gauloise, Liouville jetait de côté, après les avoir combattues, les raisons de son adversaire, faisait litière de son propre bagage, et ne gardait qu'un argument, un seul, qu'il mettait en saillie, qu'il montrait lumineux, décisif, entraînant, et qui, en effet, décidait du succès de la cause.

Les grands débats d'ailleurs ne lui avaient pas manqué, et plus d'une fois, dans l'un de ces procès qui passionnent l'opinion publique, il avait su se montrer vaillant orateur en même temps que redoutable adversaire, et prendre sa place à côté des plus grandes renommées. Il suffit de citer l'affaire de l'accident du chemin de fer de Versailles ou le procès du duel de Sérvient à ceux qui ont le souvenir des belles luttes judiciaires.

Hélas! depuis deux années environ, nous ne l'avions plus en-tendue cette grande voix si franche et si sonore, si connue des échos du palais! Déjà la mort avait mis la main sur sa proie En vain Liouville s'était résigné à aller demander à des climats plus doux la guérison ou le soulagement. La science l'avait condamné au départ; la science le condamnait au retour. Nous l'avions vu pourtant apparaître encore au barreau pour nos solennités; nous avions salué sa présence avec attendrissement, mais nous n'a-vions pu garder d'espérance. Depuis quelques mois, depuis

quinze jours surtout, les symptômes étaient devenus des plus
alarmants ; l'affection du larynx, la plus ancienne chez lui, avait
cédé la place à un ennemi plus terrible : le sang avait été atteint
dans ses parties vitales. Le 7 avril, à six heures, il rendait le
dernier soupir dans les bras de ses enfants.

Nous étions tous depuis si longtemps habitués chaque jour à
nous informer de lui, que nous avions oublié la mort. Elle ne
l'avait pas oublié. Elle plonge dans la douleur trois jeunes existences auxquelles sont dès longtemps acquises toutes les sympathies de notre barreau.

Nous avons dit quelques mots de l'avocat renommé. C'est du
père de famille qu'il faudrait longuement parler ; c'est de cette
affection si tendre et si protectrice pour ses enfants qui, en
dehors des affaires, a rempli toute sa vie ; c'est de l'amour filial
plein de sollicitude et du respect charmant dont il était entouré.

Liouville avait été, jeune encore, frappé d'un coup cruel : il
avait perdu la compagne bien-aimée de sa vie. Dès ce moment,
plus exclusivement encore que par le passé, il s'était renfermé
dans le travail et dans l'amour de ses enfants ; il avait consacré
à leur éducation toutes les heures que lui avait laissées la profession ; il les avait faits dignes de lui, nobles d'esprit et de
cœur, et il en était justement fier. Tous nous avons été témoins
de cette étroite union, de ces joies sans nuage qui régnaient au
foyer de famille.

Mais Liouville n'était pas seulement le modèle des pères ; cœur
généreux et sympathique, il avait l'amour de la jeunesse, il en
était un des plus actifs protecteurs, et nul mieux que lui n'a
rempli au palais ce rôle élevé du patron qui recherche et sou-
tient les jeunes intelligences, qui leur fraye la route, qui favorise
leur essor, et qui bien souvent crée pour elles le succès. Si nous
avions pu oublier ce grand côté de sa nature, il est au palais
toute une famille d'adoption dont sa main forte et bienveillante
a soutenu les premiers pas qui nous l'eût chaleureusement rappelé.

La mort a tout brisé : joies, protection et succès. Mais il est

du moins, que ses dignes enfants nous permettent de le dire, un
bien impérissable qu'elle est impuissante à ternir. Ce bien, c'est
le souvenir de celui qui n'est plus, c'est son illustration, c'est sa
renommée, c'est sa grandeur morale, c'est le noble héritage de
l'esprit et du cœur, c'est l'âme du défunt qui, comme l'étoile
des rois mages, continue d'éclairer et de conduire dans la vie
ceux qu'il avait le plus aimés. Ils élèveront vers ce grand souvenir leurs cœurs unis, et ils puiseront dans ses inspirations le
courage pour la peine et les jouissances du devoir accompli.

Nous aussi nous saurons demander à la noble vie de Liouville
ses enseignements; nous et nos descendants, nous pourrons heureusement les retrouver dans les nombreux travaux de sa carrière, dans les beaux discours qu'il nous a laissés sur notre profession; nous nous rappellerons surtout que cet homme de bien
fut, comme tant d'autres, hélas! que déjà le temps a fauchés
avant l'âge, ami constant du progrès, partisan convaincu de la
démocratie, défenseur ardent de l'honnêteté politique et de la
liberté!

Imprimerie RENOU et MAULDE, rue de Rivoli, 144.   6199

www.ingramcontent.com/pod-product-compliance
Ingram Content Group UK Ltd.
Pitfield, Milton Keynes, MK11 3LW, UK
UKHW020026100726
13658UKWH00003B/1144